Kosmos-Handbücher
für die praktische
naturwissenschaftliche Arbeit

W0245152

Hansgeorg Pape

Der Gesteinssammler

Eine Anleitung zum Sammeln
und Erkennen von Gesteinen
und zum Aufbau einer Sammlung

3., verbesserte Auflage

Kosmos · Gesellschaft der Naturfreunde
Franckh'sche Verlagshandlung · Stuttgart

Mit 48 Zeichnungen im Text, davon 3 Aufschlußzeichnungen von Elsbeth Pape
und 45 Zeichnungen von Klaus Meier nach Handskizzen des Verfassers
19 Farbfotos auf 4 Tafeln und 30 Schwarzweißfotos im Text; alle Fotos vom Verfasser

Umschlaggestaltung: Edgar Dambacher, Umschlagfoto: Uwe Höch

Lizenzausgabe erschienen bei Thieme, Zutphen/Holland

CIP-Kurztitelaufnahme der Deutschen Bibliothek

Pape, Hansgeorg
Der Gesteinssammler : e. Anleitung zum Sammeln
u. Erkennen von Gesteinen u. zum Aufbau e.
Sammlung. — 3., verb. Aufl. — Stuttgart :
Franckh, 1978.
   (Kosmos-Handbücher für die praktische natur-
   wissenschaftliche Arbeit)
   ISBN 3-440-04637-0

3. Auflage, 14.—17. Tausend
Franckh'sche Verlagshandlung, W. Keller & Co., Stuttgart / 1978
Alle Rechte, insbesondere das Recht der Vervielfältigung, Verbreitung und Übersetzung,
vorbehalten. Kein Teil des Werkes darf in irgendeiner Form (durch Fotokopie,
Mikrofilm oder ein anderes Verfahren) ohne schriftliche Genehmigung des Verlages
reproduziert oder unter Verwendung elektronischer Systeme verarbeitet, vervielfältigt
oder verbreitet werden.
© 1974, 1978, Franckh'sche Verlagshandlung, W. Keller & Co., Stuttgart
Printed in Germany / Imprimé en Allemagne / LH 10 or / ISBN 3-440-04637-0
Gesamtherstellung: Konrad Triltsch, Graphischer Betrieb, Würzburg

Der Gesteinssammler

Bedeutung und Vorkommen der Gesteine

Haben kristalline Schönheit oder bemerkenswerte äußere Form vieler Gesteine erst einmal unsere Aufmerksamkeit gewonnen, so werden sie uns sehr bald in einem anderen Licht erscheinen: als Zeugen geologischer Vergangenheit und als Produkt der vielfältigen Entwicklungsvorgänge und Umwälzungen in unserer festen *Erdkruste.*

Diese Erdkruste reicht unter den Kontinenten bis in eine Tiefe von 30 bis 40 km und wird von Gesteinskörpern aufgebaut (s. Abb. 1a und 1b). Sie spielt, seit der Mensch ein bestimmtes Maß an Technik zu entwickeln begann, eine zunehmend wichtigere Rolle für unser Leben, liefert sie doch Baumaterialien, Rohstoffe für die Industrie, Brennstoffe, Düngemittel, Kochsalz usw. Allerdings treten heute die Gesteine nicht mehr so vordergründig in unser Bewußtsein wie in früheren Zeiten, als vorwiegend Steine in unveränderter, allenfalls bearbeiteter Form zum Hausbau benutzt wurden. Ihre Bedeutung ist jedoch nicht geringer geworden, nur sieht man einem Betonbauwerk nicht mehr an, daß der Beton seine Herkunft aus den

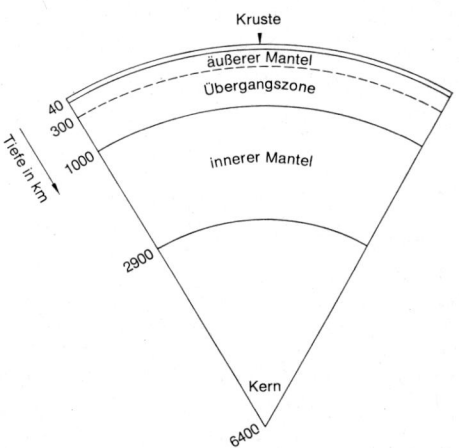

Abb. 1a. Schalenaufbau der Erde (nach Haalck 1957, Bullen 1963)

natürlichen Gesteinen Mergel und Kies ableitet. Natursteine werden im allgemeinen nur noch zu bildhauerischen Zwecken verwendet, als Grabstein oder als schmückendes architektonisches Element, vorwiegend bei repräsentativen Bauten usw. Das Gestein gilt hier als etwas Wertvolles und Dauerhaftes. Vor allen Dingen aber soll es durch seine ästhetischen Qualitäten wirken, die auf verschiedene Weise, z. B. durch die Art des Behauens oder durch Schleifen und Polieren, hervorgehoben und gesteigert sind.

Für unser Verhältnis zu den Gesteinen spielt außerdem die Tatsache eine sehr wichtige Rolle, daß wir normalerweise von der mächtigen festen Erdkruste unter uns nichts sehen, da sie häufig von Lockergesteinen wie Ton, Sand oder Torf bedeckt ist, die der Nichtgeologe gefühlsmäßig kaum als Gestein ansieht. Aber selbst wo die Festgesteine zuoberst liegen, sind sie meist an der Oberfläche in lehmige oder grusige Verwitterungsrückstände umgewandelt, die ihrerseits wiederum von bodenbildenden Vorgängen erfaßt wurden. So sehen wir in der gemäßigten Klimazone, besonders in Ackerbaugebieten außerhalb der Vegetationsperiode, weite Flächen mit

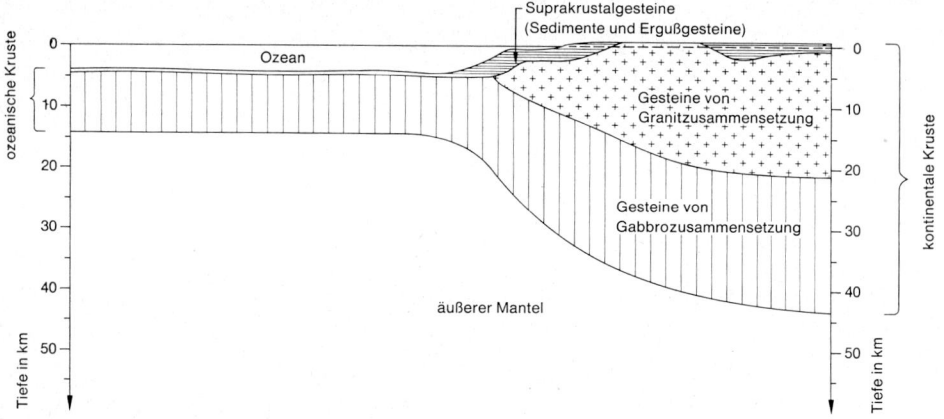

Abb. 1b. Schematischer Schnitt durch die Erdkruste

Boden bedeckt. Und wenn sich schließlich Wälder und Wiesen als dichter Vegetationsmantel über den Boden legen, denken wir im allgemeinen beim Anblick der Landschaft kaum daran, daß sich alles Sichtbare auf dem Gestein im Untergrund entwickelt hat.

Ganz anders erscheint uns dieselbe Landschaft, wenn wir uns mit den dort auftretenden Gesteinen beschäftigt haben und wissen, wie sie im geologischen Verband als Gesteinskörper vorkommen, z. B. als massive Granitstöcke, als Basaltdecken oder -schlote, oder als Sandstein-, Tonstein- und Kalksteinschichten in gesetzmäßiger Aufeinanderlagerung. Und das verhilft uns wiederum zu einem tieferen Verständnis dafür, wie Gesteinskörper aus verwitterungsbeständigen, meist harten Gesteinen als Berge und Höhenzüge durch die Vorgänge der Verwitterung und Abtragung in Jahrzehntausenden herausmodelliert worden sind, wie es z. B. bei der süddeutschen Schichtstufenlandschaft geschah. Mit der Schwäbischen Alb als Höhenzug, der von einer mächtigen, schräg gestellten Platte aus hartem Kalkstein gebildet wird, ist sie ein schönes Beispiel für die Beziehung zwischen geologischem Untergrund und Morphologie.

Vorbereitung einer Exkursion in geologische Aufschlüsse

Der eingangs erwähnten Freude an der ästhetischen Schönheit von Gesteinen wird sehr bald eine eifrige Sammeltätigkeit folgen, die nicht zuletzt ein „tiefgreifenderes" Kennenlernen der zunächst näheren Umgebung mit sich bringt. Nehmen wir uns also für den nächsten freien Tag bei schönem Wetter einen „Gesteinsausflug" vor. Doch dazu ist vorher einiges zu bedenken.

Aus der engen Verknüpfung einer Gesteinsprobe mit ihrer geologischen Position innerhalb eines räumlich abgegrenzten Gebietes geht hervor, daß zu jedem Sammlungsstück auf einem Sammlungsetikett als wichtigste Angabe der *Fundort* vermerkt werden muß. Wenn möglich, soll die Entnahmestelle der Probe so genau beschrieben werden, daß sie später auch von anderen Personen gefunden werden kann. Nicht ganz so wichtig sind Datum des Fundes und Name des Sammlers. Zunächst darf die genaue Bezeichnung des Stückes, dazu gehören Gesteinsname und geologisches Alter, fortgelassen werden, da diese häufig erst durch spätere Untersuchungen bestimmt werden können. Normalerweise wird man Gesteinsprobe und Etikett in ein Sammlungsschächtelchen legen und in einem Schubladenschrank aufbewahren. Ausgewählte Schaustücke kann man natürlich ausstellen. In jedem Fall müssen Probe und Etikett zusammenbleiben. Deshalb ist es vorteilhaft, bei großen Stücken das Etikett auf der Rückseite oder Unterseite festzukleben und bei sehr kleinen Objekten, wo das nicht möglich ist, diese und das Etikett mit der gleichen Nummer zu versehen.

Während es bei einer Mineraliensammlung durchaus üblich ist, sie zum großen Teil durch Ankauf und Tausch von Mineralien zu erweitern, wird der Gesteinssammler seine Stücke meist selbst aus dem Gelände holen. Er plant sorgfältig Exkursionen in ein bestimmtes Gebiet, von dem er sich eine *topographische Karte* (möglichst das Meßtischblatt im Maßstab 1 : 25 000) beschafft. Das ist nötig, um genaue Fundortangaben machen zu können. In besonders günstigen Fällen kann er eine *geologische Karte* (siehe Literaturverzeichnis am Schluß des Buches) des Gebietes einsehen und die zugehörigen geologischen *Erläuterungen* studieren.

Das wichtigste Stück unserer Ausrüstung ist zunächst einmal ein *Geologenhammer,* dessen Kopf auf einer Seite vierkantig geformt ist und auf der Gegenseite in eine Spitze ausläuft. Da der Hammerkopf aus besonders hartem Stahl besteht, von dem an den Kanten der Schlagfläche messerscharfe Splitter wie Geschosse abspringen können, darf niemals bei der Gewinnung einer Probe aus dem anstehenden Gestein ein zweiter Geologenhammer als Meißel benutzt werden. Zu umfangreicheren Probennahmen müssen (s. Abb. 2, Seite 10) ein kräftiger Spitzmeißel, dazu ein Schlägel und eine möglichst lange Brechstange mitgenommen werden.

Als Geologenhammer kann ein Ganzstahlhammer gewählt werden, bei dem ein handlich geformter Griff, der einen Eisenkern besitzt, dauerhaft fest mit dem Kopf ver-

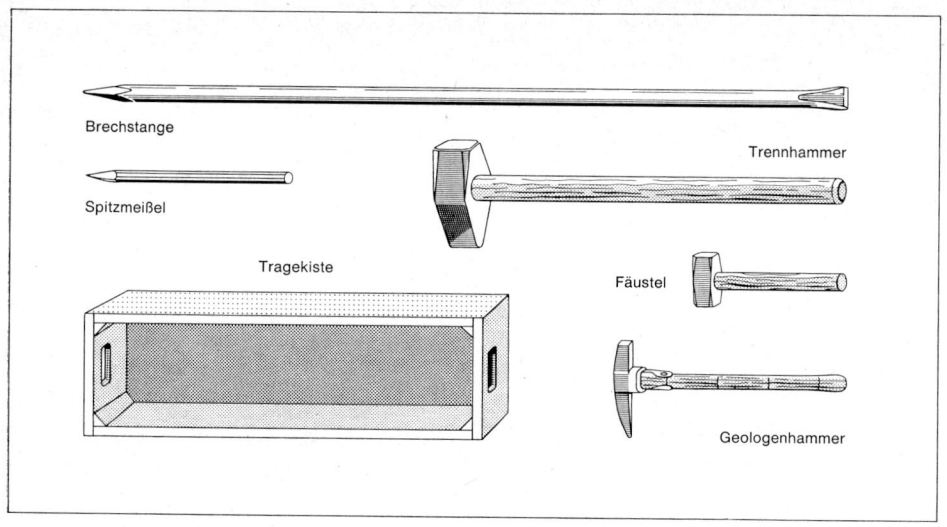

Abb. 2. Das Werkzeug des Gesteinssammlers

bunden ist. Demgegenüber hat der klassische Geologenhammer einen sehr langen Holzgriff. Sollte sich bei letzterem der Kopf gelockert haben, wird der Hammer vor Gebrauch mit dem Kopfende zum Aufquellen des Stieles in Wasser gelegt. Gegenüber anderen Hammerformen bietet der klassische Geologenhammer einige Vorteile. So ist der Stiel sehr leicht und kann durch Kerben mit einem ausreichend langen Maßstab versehen werden, mit dessen Hilfe sich beispielsweise Messungen von Schichtmächtigkeiten durchführen lassen. Auch eignet er sich ausgezeichnet als Größenmaßstab bei fotografischen Aufnahmen im Gelände. Außerdem ist die Massenverteilung im Hammer günstig, und durch den langen Stiel kann eine große Schlagwirksamkeit erzielt werden.

Zum Einsammeln und Transportieren der Proben empfiehlt sich, vor allem bei längeren Anmarschwegen zu Fuß, ein Rucksack oder eine Tasche. Sonst ist eine Probenkiste vorteilhaft. In dem jeweiligen Behältnis werden immer ausreichend Materialien zum Verpacken und Beschriften mitgenommen: Zeitungspapier, Schächtelchen und weiches Toilettenpapier oder Papiertaschentücher für empfindliche Objekte, Kugelschreiber und Filzstifte sowie Krepp-Klebestreifen zum Umbinden und Kennzeichnen der eingewickelten Probe.

Weitere Ausrüstungsgegenstände sind ein Geologenkompaß, ein Zollstock und ein Bandmaß. Zur raschen Gesteinsbestimmung im Gelände brauchen wir ein kleines Spritzfläschchen mit 10prozentiger *Salzsäure,* eine Lupe und ein Taschenmesser oder einen *Stahlnagel* (keinen Eisennagel). Für Arbeiten und Probennahme in Lockergesteinen werden ein Spaten, eine kleine Pflanzschippe und ein langes Messer ohne Sägeschneide benutzt.

Was Kleidung und Schuhwerk angeht, kann jeder seinen eigenen Stil entwickeln. Da oft über grobes Gesteinshaufwerk geklettert werden muß, sind Wanderstiefel ratsam, und um Stellen mit zähem Lehmbrei oder kleine Bäche und Wasserpfützen zu durchqueren, tun Gummistiefel gute Dienste. Unbedingt lebensnotwendig ist es, an Steilwänden und in Steinbrüchen einen Schutzhelm zu tragen, der bei Steinschlag möglichst auch die Schläfen gegen seitlich von der Wand abprallende Steine schützt. Bereits lächerlich kleine Brocken können, wenn sie aus großer Höhe fallen, tödliche Kopfverletzungen verursachen. Die Steinschlaggefahr ist besonders groß direkt nach Sprengungen und im Frühjahr, am Ende der Frostperiode, da während des Winters durch die Sprengwirkung des Eises Gestein gelockert wurde, das jetzt fällt. Doch auch sonst kann jeder erleben, wie immer wieder kleine Stücke in Bewegung geraten, weil sie z. B. von einem Vogel angestoßen wurden.

Wo sollen wir mit dem planmäßigen Sammeln der Gesteine beginnen? Mancher wird sich vorstellen, daß er eine reiche Ausbeute nur im Hochgebirge, etwa in den Alpen oberhalb der Baumgrenze oder in den felsigen Ländern Skandinaviens erhalten könne. Tatsächlich sind dort die Voraussetzungen für das Zutagetreten des Gesteins in reichstem Maße gegeben, denn steile Hänge verhindern, daß sich Boden ansammelt, und das Klima beeinträchtigt stark die Entfaltung einer Vegetation. Dafür aber sind große Gebiete solcher gebirgiger Landstriche schwer zugänglich.

Grundsätzlich ist es im Mittelgebirge und im Flachland ebenso interessant, sich mit dem Bau der Erdkruste zu beschäftigen, sind doch auch hier, allerdings im Untergrund, der in der Bergmannssprache das Gebirge genannt wird, die verschiedenartigsten Gesteine vorhanden.

Zunächst einmal sollte die nähere und weitere Umgebung unseres Wohnortes das Ziel unserer Exkursionen sein. Dazu suchen wir uns alle Stellen in einem Gebiet aus, die einen Einblick in den geologischen Bau geben können. Diese bezeichnen wir als *Aufschluß*. Bald werden wir herausgefunden haben, wo bevorzugt natürliche Aufschlüsse auftreten. Oft sind es Steilhänge im Gebirge, Bach- und Flußeinschnitte, Steilküsten am Meer oder Höhlen und Einsturztrichter. In vielen Gegenden, besonders im Flachland, ist der Geologe auf vom Menschen geschaffene Aufschlüsse wie Steinbrüche, Ton-, Sand-, Kies- und Mergelgruben angewiesen. Dazu gehören auch die bei der Trassierung von Straßen entstandenen Aufschlüsse. Vor allem sollten wir auch die bei Ausschachtungsarbeiten nur zeitweilig bestehenden Aufschlüsse beachten, da sie in einem aufschlußarmen Gebiet oft entscheidende Erkenntnisse vermitteln. Außerdem gibt es noch Untertageaufschlüsse wie Bergwerke und Tunnel. Wenn jegliche Aufschlüsse fehlen, können vom Gesteinssammler Schürfe angelegt und Bohrungen niedergebracht werden.

Für viele Landschaften gibt es Exkursionsführer (s. Literaturverzeichnis), in denen die vorhandenen Aufschlüsse beschrieben werden. Meist sind sie von Geologen verfaßt, die durch eigene Forschungsarbeiten den besten Einblick in das betreffende Gebiet haben.

Durch intensive Beschäftigung mit den Aufschlüssen, aus denen wir den größten Teil unseres Sammlungsmaterials gewinnen werden, können wir uns häufig auch eine Vorstellung von den dazwischen und außerhalb liegenden Teilen der Erdkruste machen, indem wir unter Beachtung der Oberflächenformen (unter anderem Höhenrücken) die im Aufschluß beobachteten Gesteinskörper in Gedanken fortsetzen. Eine wichtige Hilfe bedeuten uns dabei die meist lose auf der Erdoberfläche liegenden Steine, die sogenannten *Lesesteine*. Sie stammen entweder direkt aus dem Untergrund oder von höher gelegenen Teilen eines Hanges, so daß beim Aufwärtsschreiten auf diesem Hang die Grenze eines Gesteinskörpers dort angenommen werden kann, wo die betreffende Gesteinsart als Lesestein nicht mehr vorkommt.

Am besten gelingt die Orientierung nach Lesesteinen auf frisch gepflügten Äckern. Da größere Steine bei der Bodenbearbeitung stören, sind sie an den Seiten der Felder manchmal zu Lesesteinhaufen oder Begrenzungsmauern zusammengetragen. Sind wenige Lesesteine vorhanden, werden sie noch am ehesten an den Wurzelstöcken großer Bäume gefunden. Diese Tatsache erklärt sich aus Bodenumwälzungen zwischen den dicken Hauptwurzeln, die während heftiger Stürme auftreten, wenn die Bäume im aufgeweichten Untergrund stampfen. Allerdings muß man sich bei der Interpretation von Lesesteinen sehr vorsehen vor Fremdmaterial, das zur Wegbefestigung herangeschafft wurde oder durch Zufall an seinen Platz geraten ist. — Schuttreste wie Bruchstücke von Ziegelsteinen und Betonreste werden verächtlich als Hundssteine (Kynolithe) bezeichnet.

Beginnen wir nun mit den Beobachtungen und der Probennahme in einem nahegelegenen Aufschluß, zum Beispiel in einem Granitsteinbruch.

Im Granitsteinbruch

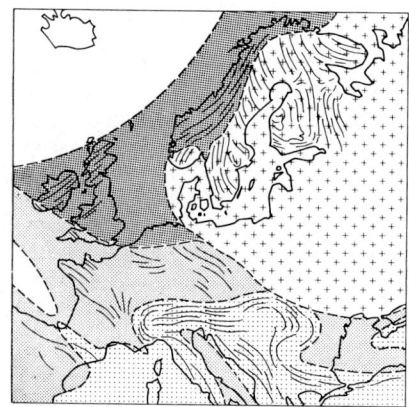
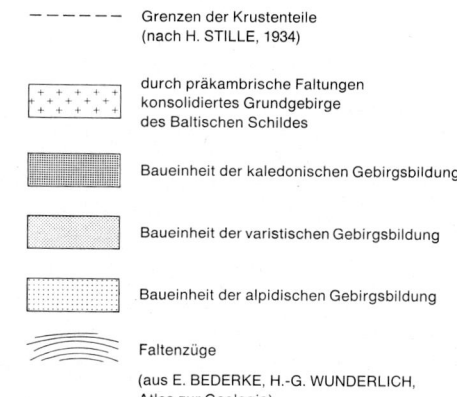

Abb. 3a. Die tektonische Gliederung Europas

Grenzen der Krustenteile
(nach H. STILLE, 1934)

durch präkambrische Faltungen konsolidiertes Grundgebirge des Baltischen Schildes

Baueinheit der kaledonischen Gebirgsbildung

Baueinheit der varistischen Gebirgsbildung

Baueinheit der alpidischen Gebirgsbildung

Faltenzüge

(aus E. BEDERKE, H.-G. WUNDERLICH, Atlas zur Geologie)

Wenn wir zum **Granit** sehr ähnliche Gesteine aus der Gruppe der Gneise dazurechnen, die durch hohe Temperatur und hohen Druck in sehr großer Tiefe verändert wurden und sich vom Granit durch ihr streifiges Aussehen unterscheiden, dann besteht die *Erdkruste* im Bereich der Kontinente bis in eine Tiefe von 15 km fast ausschließlich aus granitischem Gestein (s. Abb. 1b und 1c). Das kommt uns nur deshalb nicht zu Bewußtsein, weil sich vorzugsweise eine andere, mengenmäßig untergeordnete Gruppe von Gesteinen in den obersten Bereichen der Erdkruste als verhältnismäßig dünne Schicht über dem kristallinen Grundgebirgssockel ausbreitet. Es sind die nach der Art ihres Auftretens so genannten Suprakrustalgesteine (supra = über). Sie umfassen die Ergußgesteine und die Sedimentgesteine.

Dort, wo während langer geologischer Zeiträume die Suprakrustalgesteine über einem sich immer wieder hebenden Krustenteil weitgehend abgetragen wurden, wie in

Skandinavien und Kanada, werden hauptsächlich Gneis und Granit angetroffen. In Deutschland sind Gneis und Granit fast überall im Untergrund verborgen, treten aber in Mittelgebirgen, die einzelne sich gegenüber der Umgebung stärker gehobene Schollen darstellen, in größeren Komplexen zutage. Granitvorkommen gibt es im Harz, Odenwald, Schwarzwald, Fichtelgebirge, Bayerischen- und Böhmerwald. Wann und wie sind unsere Granite entstanden?

Zur Bildung von Granit kam es in Epochen geologischer Unruhe, wie sie mehrmals im Verlauf der Erdgeschichte aufgetreten sind und die *Gebirgsbildungen* genannt werden (Abb. 3a und 3b). Während des jüngsten derartigen Ereignisses, der *alpidischen* Gebirgsbildung, ist das *Faltengebirge* der Alpen entstanden. Unter dem geologischen Begriff der Gebirgsbildung ist nicht etwa das Aufsteigen zum morphologischen Hochgebirge zu verstehen, sondern die innere Verfaltung, die sich in großer Tiefe vollzog, nachdem der betreffende Krustenteil instabil geworden war. Den großen Gebirgsbildungen vorangegangen war immer ein langer Zeitraum, in dem sich das Material des zukünftigen Faltengebirges in Form mehrerer tausend Meter mächtiger Ablagerungen in einem Meeresbecken sammelte. Da-

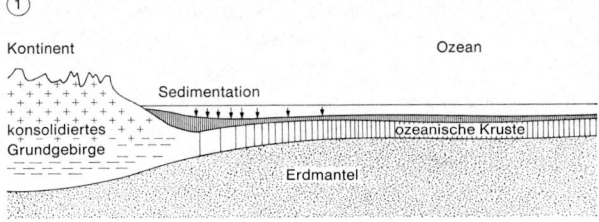

① Kontinent .... Ozean
Sedimentation
konsolidiertes Grundgebirge
ozeanische Kruste
Erdmantel

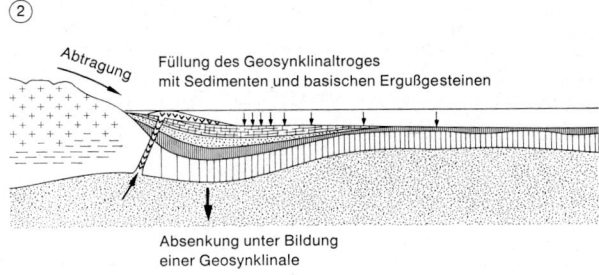

② Abtragung
Füllung des Geosynklinaltroges mit Sedimenten und basischen Ergußgesteinen
Absenkung unter Bildung einer Geosynklinale

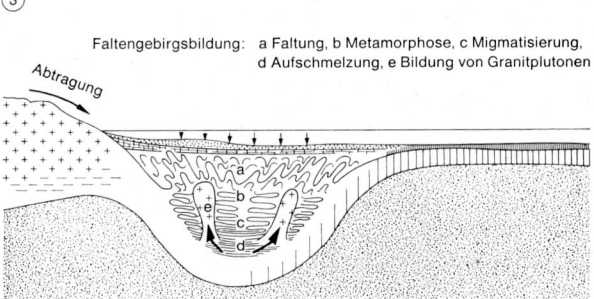

③ Faltengebirgsbildung: a Faltung, b Metamorphose, c Migmatisierung, d Aufschmelzung, e Bildung von Granitplutonen
Abtragung

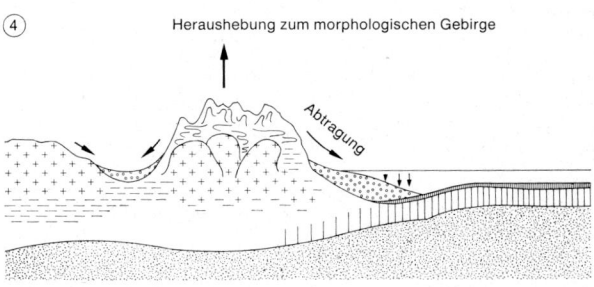

④ Heraushebung zum morphologischen Gebirge
Abtragung

Abb. 3b. Entstehung von Gesteinen im Zusammenhang mit einer Faltengebirgsbildung bei hielt die Materialanhäufung Schritt mit der Absenkung der Kruste, deren fester Teil immer dünner wurde, weil der ins flüssige Erdinnere absinkende Teil aufgeschmolzen wurde. Wenn solch eine Faltengebirgsanlage oder *Geosynklinale* schließlich in Bewegung geriet und sich in mehreren Teilphasen die oberen Schichten verfalteten, drangen während und unmittelbar nach dieser Gebirgsbildung riesige Schmelzmassen aus den Bereichen der Aufschmelzung nach oben und erstarrten unter einem wärmeisolierenden Mantel aus darüberliegendem Nebengestein zu einem körnig kristallinen *Tiefengestein*, hauptsächlich zu Granit. Dieses auskristallisierte Material bildete ausgedehnte massige Komplexe mit kuppiger Oberfläche, die Granit*plutone*.

In den Alpen sind erst wenige Massive durch Abtragung vom überdeckenden Gestein freigelegt. Unsere Mittelgebirgsgranite (Farbtaf. I, Bild 1 und 2) gehören fast alle einer bestimmten älteren, der *varistischen* Gebirgsbildung an, die sich größtenteils während der Steinkohlenformation, dem Karbon, abspielte. Von dem gefalteten Nebengestein ist noch viel vorhanden. Dagegen sind in großen Gebieten Skandinaviens, dessen Kruste durch mehrere unterscheidbare, sehr viel ältere Gebirgsbildungen konsolidiert wurde, nur noch die Granitwurzeln der Gebirge vorhanden, weil die Abtragung über viel längere Zeiträume wirksam war.

Sehen wir uns nun einmal in einem Granitsteinbruch um (Abb. 4). Wir befinden uns also innerhalb eines gewaltigen Gesteinskörpers aus einem ziemlich einheitlichen hellgrauen oder rötlichen Gestein, der meist durch mehrere *Kluftsysteme* in große Quader aufgeteilt ist. Wir können mehr oder weniger horizontale, zum ehemaligen Dach des Plutons parallele Lagerklüfte von vertikalen, aufeinander senkrecht stehenden Längs- und Querklüften und untergeordneten Diagonalklüften unterscheiden. Für die Bildung der Klüfte kommen mehrere Ursachen in Frage. Erstens können sie während gebirgsbildender Vorgänge angelegt sein, zweitens werden sie durch Spannungen hervorgerufen, die zunächst durch die Volumenverminderung beim Abkühlen des erstarrenden Gesteinskörpers auftreten, und sie sind drittens im Falle der Lagerklüfte auf die Druckentlastung nach der Abtragung des Plutondaches zurückzuführen. Auch jetzt noch sind Spannungen in den einzelnen Granitblöcken vorhanden, und sie werden von den Steinbrucharbeitern ausgenutzt beim weiteren Aufspalten in Quader, Bordsteinkanten und Pflastersteine.

Die genannten Kluftsysteme führen beim Granit zu einer sehr typischen Verwitterungsform, der *Wollsackverwitterung*. Da der Zerfall des Gesteins zu Granitgrus von den Klüften ausgeht, bilden sich aus den ursprünglich kantigen Quadern rundliche, wollsackähnliche Blöcke, die festungsartig aufeinandergetürmt liegenbleiben und überall in den Granitgebieten und wohl auch in der Nähe unseres Steinbruchs als imposante Felsengruppen anzutreffen sind.

Wenn wir, um uns einen Überblick zu verschaffen, den gesamten Aufschluß durchmustern, entdecken wir möglicherweise weitere Gesteinskörper, die in Zusammenhang mit dem Pluton stehen. Häufig durchsetzen schmale Gesteinsgänge den Granit.

Abb. 4. Ansicht des Steinbruchs Königskopf bei Königskrug in der Nähe von Braunlage, Harz. Durch horizontale und vertikale Klüftung ist der Granitgesteinskörper in große Quader aufgeteilt. Der Aufschluß liegt im Dachbereich des Plutons. Darauf deutet die große, dunkle Hornfelsscholle oben in der Aufschlußwand. Ihr splittriges Gestein ist anders und viel feiner geklüftet als der Granit. Auf dem Berghang rechts vom Steinbruch liegen Hornfelssteine (Federzeichnung von Elsbeth Pape)

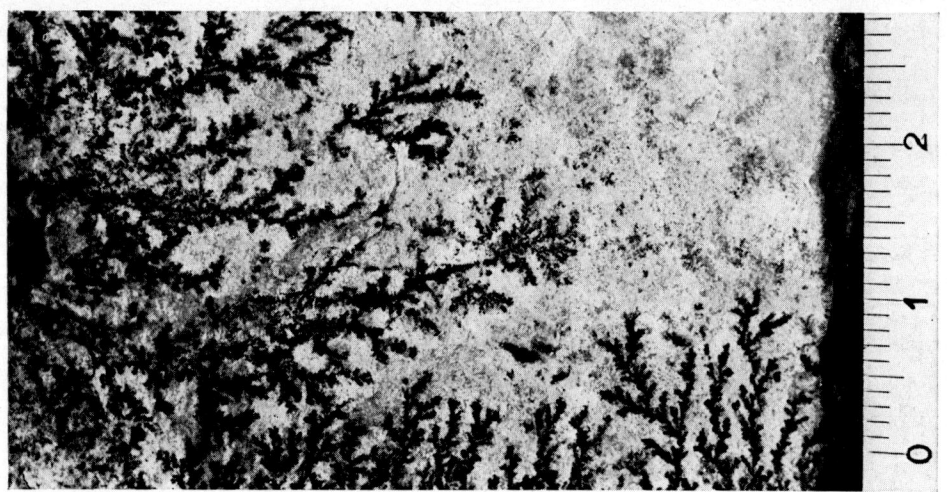

Abb. 5. Heller Dolomitstein mit Dendriten. Stratigraphische Stellung: Devon. Fundort: Steinbruch Operich, westl. Büdesheim, Eifel

Im Randbereich des Plutons sehen wir vielleicht die Grenze zum Nebengestein aufgeschlossen, das durch *Kontaktmetamorphose,* den Temperatureinfluß der Granitschmelze und die Zufuhr von Stoffen aus dem Magma verändert ist zu einem feinkörnigen, splittrigen und sehr harten Gestein. Es wird **Hornfels** genannt, da seine scharfen Kanten hornartig durchscheinend sind. Von diesem Hornfels können auch isolierte Schollen oder kleinere Putzen im Granit schwimmen. Bei solchen Beobachtungen können wir uns ungefähr ein Bild vom Aufstiegsmechanismus des Plutons machen, der sich zum Teil ins Nebengestein hineinschmilzt und es dabei „auffrißt". Die Hornfelseinschlüsse und dunklen Putzen sind die „unverdauten" Reste des Nebengesteins.

Schlagen wir nun die im Aufschluß vorkommenden Gesteine mit dem Geologenhammer an, denn zur Untersuchung eines Gesteins brauchen wir eine frische Bruchstelle. Erst sie läßt uns den Gesteinstyp richtig erkennen, weil die Oberfläche meist durch Verwitterungsvorgänge verändert oder stark verschmutzt ist. Beim Betrachten von äußerlich unansehnlichen Stücken werden wir am Rande der frischen Stelle eine Bleichung oder Verfärbung in irgendeinen braunen Farbton bemerken. Unter dem Einfluß der Stoffe aus der Atmosphäre, Wasser, Sauerstoff und Kohlensäure, hat sich eine Verwitterungskruste gebildet. Oft sind die natürlichen Gesteinsoberflächen mit feinen braunen Überzügen aus **Brauneisen** $FeOOH \cdot x H_2O$ umkrustet, das sich aus der in den Klüften zirkulierenden Gebirgsfeuchtigkeit ausgeschieden hat.

Die braunen Eisen- und schwarzen **Manganverbindungen** (überwiegend MnO_2) bilden auf glatten Kluftflächen feine, baumartig verzweigte Formen, die *Dendriten,* die nichts mit versteinerten Moosen zu tun haben. Aufgrund des ästhetischen Reizes dieser stets neuen und immer wieder anderen Naturbildnisse lohnt es sich, eine Spezialsammlung von Platten mit Dendriten (Abb. 5) anzulegen.

Während im großen Naturgeschehen die Dendritenbildung eine Spielform darstellt, werden wir beim Anblick einer frischen, glitzernden Fläche von Granit an einen der großartigsten Vorgänge, die Auskristallisation und Erstarrung des Magmas, erinnert.

Wir können mit der Lupe hauptsächlich drei verschiedene Arten von Körnern unterscheiden, die bei der Abkühlung der Schmelze als Kristalle ausgeschieden wurden. Sie wurden von den Bestandteilen der Schmelze ernährt, indem diese sich geordnet anlagerten. Die Kristalle wuchsen in dem immer fester werdenden Kristallbrei aufeinander zu, bis sie sich gegenseitig so beengten, daß sie keine glatten Kristallflächen mehr bilden konnten und sich ineinander verzahnten. Damit war das Gestein gebildet. Da jede Sorte von Körnern in sich physikalisch und chemisch einheitlich beschaffen ist und da sie durch einen Naturvorgang entstanden sind, handelt es sich dabei um *Minerale,* die einen besonderen Mineralnamen tragen.

Am leichtesten lassen sich die dunklen Körner erkennen. Wenn sie sich mit dem Taschenmesser oder Stahlnagel aufblättern lassen, handelt es sich um den **dunklen Glimmer,** den **Biotit** $K(Mg, Fe)_3[(OH)_2 \mid AlSi_3O_{10}]$.

Bei den beiden übrigen, hellgefärbten Hauptbestandteilen des Granits müssen wir genau hinschauen. Unsere Untersuchung mit dem Stahlnagel ergibt, daß sie sich beide nicht ritzen lassen. Auf den Körnern erscheint als Spur der Nagelspitze ein feiner Strich aus Metallstaub. Die eine Art Körner können wir aber dadurch erkennen, daß sie ebene, spiegelnde *Spaltflächen* mit *Glasglanz* zeigen und oft etwas weißlich rosa oder grünlich getrübt erscheinen. Es handelt sich hierbei um **Feldspäte,** die häufigsten gesteinsbildenden Minerale. Die beiden wichtigsten Arten, der **Plagioklas** oder **Kalknatronfeldspat** $(Na, Ca) [(Al, Si)_4 O_8]$, und der **Kalifeldspat** $K[AlSi_3O_8]$ lassen sich mit bloßem Auge nicht immer unterscheiden. Wir können uns aber merken, daß im Granit meist mehr Kalifeldspat vorkommt.

Jetzt gilt es nur noch den **Quarz** SiO_2 zu erkennen, dessen Körner *muschelige Bruchflächen* mit *fettigem Glanz* zeigen. Im Granit sind die Quarzkörner meist klar durchsichtig, so daß das Licht hindurchgeht und die Quarzkörner dunkel erscheinen. Bei den Blauquarzgraniten, die unter anderem in Schweden vorkommen, sind die Quarze durch eingelegte Rutilnädelchen blau gefärbt.

Wenn schwarze Mineralkörner im Granit vorkommen, die sich bei der Ritzprobe mit dem Stahlnagel als hart erweisen und nicht schuppig aufblättern, handelt es sich meist um **Hornblende** $Ca_2(Mg, Fe)_5[OH \mid Si_4O_{11}]_2$ oder um **Pyroxen** $Ca(Mg, Fe)[Si_2O_6]$. Das sind Minerale, die wir später als Hauptbestandteile bei den dunklen magmatischen Gesteinen antreffen werden.

In den Zweiglimmergraniten gibt es außer dem dunklen Biotit einen **hellen Glimmer,** den **Muskovit** $KAl_2[(OH)_2 \mid AlSi_3O_{10}]$, der sich ebenfalls leicht in dünnste Spaltplättchen zerteilen läßt.

Wir werden auch sehr verstreut einige metallisch glänzende Erzpünktchen im Granit entdecken. Meist sind die hellgelblichen **Pyrit** FeS_2, und die schwarzen mit grauem Glanz heißen **Magnetit** Fe_3O_4, der, wie der Name sagt, magnetisch ist.

Außer dem Mineralbestand untersuchen wir auch das *Gefüge,* das bei einem typischen Granit *richtungslos körnig* ist. Zur Beschreibung der *Korngröße* bei kristallinen Gesteinen benutzen wir folgende Tabelle, nach der klar wird, was wir unter feinkörnigen, mittelkörnigen und grobkörnigen Graniten verstehen.

Korngrößenbezeichnung	Korndurchmesser
mikrokristallin oder dicht	unter 0,05 mm
feinkörnig	0,05—1 mm
mittelkörnig	1 mm—1 cm
grobkörnig	1 cm—3 cm
pegmatitisch oder riesenkörnig	über 3 cm

Bei einigen Granittypen fallen innerhalb einer gleichkörnigen Grundmasse einige verstreute größere Feldspateinsprenglinge auf. Wegen dieser porphyrischen Struktur wird dann von **Porphyrgraniten** gesprochen. (Farbtaf. I, Bild 5)

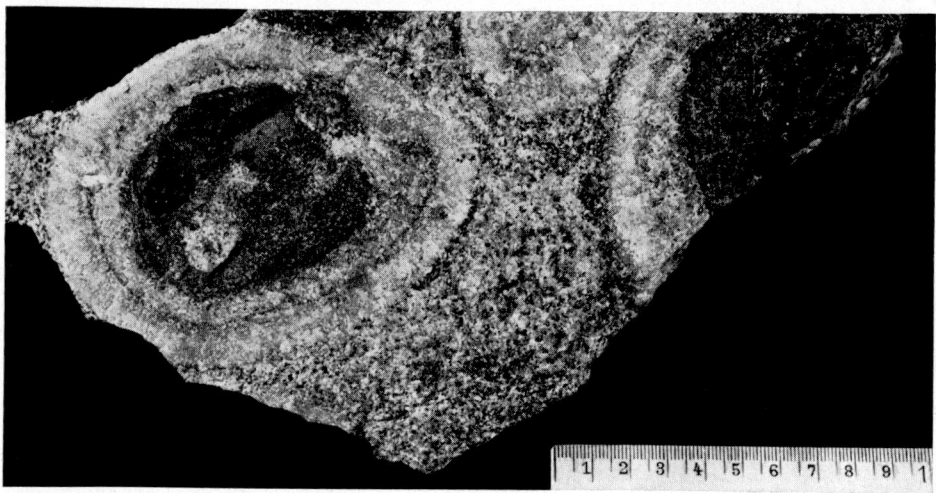

Abb. 6. Kugelgranit. Fundort: Kleiner Abbau bei Kuru, 40 km nördl. Tampere, Finnland

Auf das äußerst bemerkenswerte und auffällige Gefüge einer Granit-Varietät nimmt der Name **„Kugelgranit"** Bezug. In einer granitischen Grundmasse schwimmen größere, sphärische Gebilde, die auch dicht gepackt sein können. Häufig ergeben abwechselnde Lagen aus mehr hellen und mehr dunklen Mineralen einen konzentrischen Aufbau der „Kugeln". Dort, wo Kugelgranit (Abb. 6) vorkommt, beschränkt sich diese Ausbildung immer auf sehr kleine Areale innerhalb eines Granitmassivs. Viele Fundstellen liegen in Finnland.

Schließlich sei der **Rapakiwi**-Granit genannt. In seiner typischen Ausbildung enthält er Feldspateinsprenglinge, deren braunroter *Kalifeldspatkern* von einer graugrünen *Plagioklaskruste* umhüllt wird. An der Gesteinsoberfläche ist diese Umwachsung meist als *Ring herausgewittert.* Am bekanntesten sind die Rapakiwi-Vorkommen Südfinnlands und der Aalandsinseln. Von dort brachten Gletscherströme der Eiszeit, die aus östlicher Richtung kamen, das Gestein als Geschiebe nach Norddeutschland.

Schnell wird der Gesteinssammler erkennen, wie vielfältig die unterschiedlichen Granite aussehen, und vielleicht wird ihm dieses besonders edle Gestein so sehr gefallen, daß er beschließt, bevorzugt Granite (Farbtaf. I, Bild 3 und 4) zu sammeln. Dann sollte er zunächst aus jedem Steinbruch ein besonders typisches Stück mitnehmen und erst anschließend nach aberranten (abweichenden) Varietäten und besonderen Bildungen Ausschau halten.

Um später in der Sammlung einen einheitlichen Gesamteindruck der nebeneinanderliegenden Proben zu haben und bei Vergleichen nicht durch Zufälligkeiten der Größe und Form der Stücke abgelenkt zu werden, sollten sie bei der Probennahme auf ein einheitliches Format gebracht werden. Sehr ansprechend wirkt die *Handstückgröße*, die gerade auf ein Sammlungsschächtelchen mit den Maßen 9 cm × 12 cm zugeschnitten ist (Abb. 7). Bei rechtwinkligen Seitenkanten sollen die Proben eine gewölbte Ober- und Unterseite haben, so daß sie wie ein Kissen aussehen.

Das Schlagen eines guten Handstückes erfordert viel Übung und sollte stets sofort im Aufschluß erfolgen, da meist einige Stücke kurz vor der Vollendung in die Brüche gehen. Um sich die Arbeit zu erleichtern, wird ein Rohling ausgesucht, der etwas größer als das erwünschte Endprodukt ist und schon die dem zukünftigen Handstück angenäherte Form eines flachen Quaders besitzt. Nun besteht die Auf-

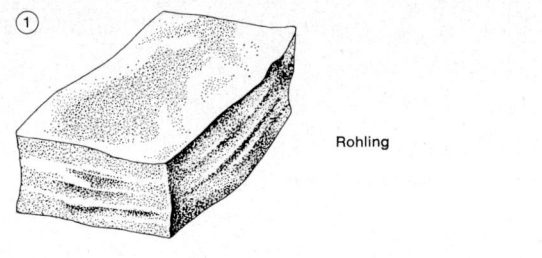

Rohling

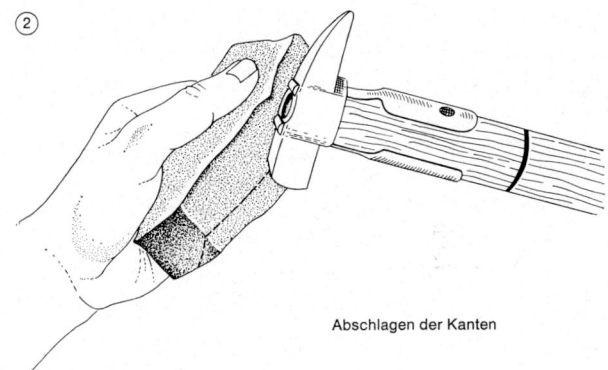

Abschlagen der Kanten

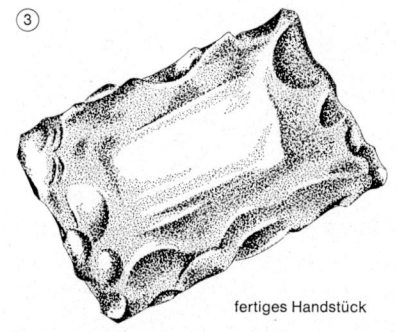

fertiges Handstück

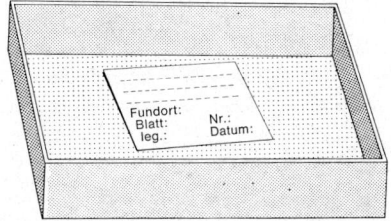

Fundort:
Blatt:
leg.:
Nr.:
Datum:

Abb. 7. Das Schlagen eines Handstücks und Sammlungsschächtelchen mit Etikett

gabe darin, auf dem gesamten Stück eine frische Oberfläche zu schaffen, und zwar derart, daß schließlich die Kissenform entsteht. Das gelingt durch Schläge mit der oberen Vorderkante des Kopfes unseres Geologenhammers ausschließlich auf die Kanten der vier schmalen Seiten der Probe. Während immer eine Schmalseite umfaßt wird und dabei das Stück fest in der Hand ruht, wird die Gegenseite durch Abspaltung kleiner flacher Abschläge bearbeitet. Die Schlagrichtung muß etwas vom Zentrum des Steines weg nach vorn gezogen werden, damit nicht der ganze Stein zerspringt. Zuschauer, die aufmerksam das Entstehen eines Handstückes verfolgen, dürfen nicht zu nahe kommen, da leicht Splitter in die Augen fliegen können. Beim Zuschlagen harter kristalliner Gesteine ist eine Schutzbrille notwendig. Ihre Gläser werden nach einiger Zeit mit winzigen Einschlägen von Kristallsplittern übersät sein, die sonst ihre Spuren auf den Augen hinterlassen hätten.

Zwar bereitet die beschriebene Bearbeitung einige Mühe, doch dafür bleibt die Probe im Normalfall ohne jegliche Weiterbehandlung jahrhundertelang frisch und kann, wenn sie im Laufe der Zeit etwas verstaubt, ohne Schaden gewaschen werden. Zu jedem Handstück sollte eine kleinere quaderförmige Probe gesammelt werden, um Material für eventuelle, später erfolgende, mikroskopische Untersuchungen zu haben.

Mit der Bildung von Granit, die sich im Temperaturbereich zwischen 900° und 600 °C abspielt, ist die Abkühlungsgeschichte des Magmas noch nicht zu Ende. In der Schmelze waren sehr viele Stoffe gelöst, von denen nur wenige in die Minerale des Granits eingebaut werden konnten. Die übrigen, vor allem zahlreiche Metalle und leichtflüchtige Elemente wie Fluor und Bor, reichern sich mit Wasser und Kohlensäure an. Mit dieser stofflichen Veränderung der Restschmelze treten zunächst bessere Bedingungen für das Kristallwachstum der Hauptminerale des Granits, des Biotits, des Kalifeldspates und des Quarzes ein. Dadurch entsteht ein riesenkörniger Granit oder **Pegmatit** (Farbtaf. II, Bild 1). Da die Restschmelze meist in offene Klüfte des inzwischen zum größten Teil fest gewordenen Plutons und des Nebengesteins eindringt, kommt der Pegmatit häufig als *Gesteinsgang* vor.

Ein für Granitpegmatite charakteristisches Gefüge ist die sogenannte *„schriftgranitische"* Verwachsung von Quarz und Kalifeldspat. Indem offenbar beide Minerale gleichzeitig auskristallisieren, bildet der Quarz im Kalifeldspat unvollkommene, skelettartige Kristalle, die gesetzmäßig orientiert sind und so an ein Schriftbild aus rätselhaften Buchstaben (Abb. 8) erinnern.

Neben Pegmatitgängen treten andere helle Gesteinsgänge auf, die vorwiegend aus Feldspat und Quarz bestehen, aber äußerst feinkörnig sind. Diese **Aplit**gänge (Farbtaf. II, Bild 2) lassen sich durch schnelles Erstarren einer granitischen Schmelze in Spalten des bereits erkalteten übrigen Gesteins erklären.

An manchen Stellen im Aufschluß lassen sich Überkreuzungen von Gängen beobachten, die uns die Möglichkeit geben, etwas über das Altersverhältnis auszusagen. Es gilt die Regel: der jüngere Gang durchschneidet den älteren. Da der normale Granit von beiden Gängen durchschnitten wird, ist er das älteste Glied. Schließlich können wir an der Grenze zum Nebengestein feststellen, ob es schon vor dem Granit vorhanden war, was dann der Fall ist, wenn es kontaktmetamorph beeinflußt wurde. Erkennen läßt sich das beispielsweise an der Hornfelsbildung.

Je mehr von der Restschmelze zur Bildung von Feldspat und Quarz aufgebraucht wird, um so mehr reichert sie sich mit Wasserdampf und anderen leichtflüchtigen Gasen

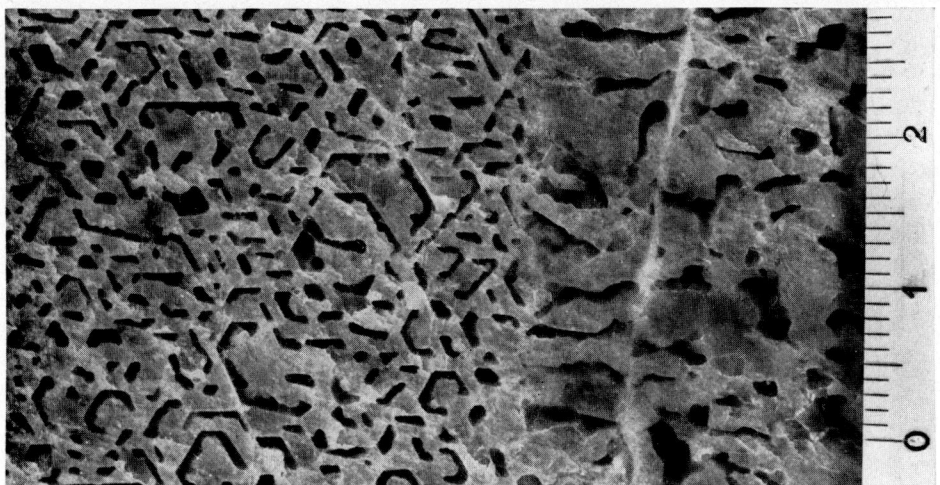

Abb. 8. Schriftgranit aus einem Pegmatitgang. Fundort: Evje-Gebiet, Norwegen

an und bildet eine *fluide Phase,* die sehr viele chemische Elemente enthält und auf die vorhandenen Gesteine sehr aggressiv einwirkt. Dabei kann der Granit zu einem grau gefärbten Gestein umgewandelt werden, das **Granitgreisen** genannt wird. Im Verlauf dieser *pneumatolytischen* Abkühlungsphase werden, wie schon im pegmatitischen Stadium, außer den gewöhnlichen gesteinsbildenden Mineralen eine große Zahl weiterer Minerale mit zum Teil seltenen Elementen gebildet. An Erzen werden **Zinnstein** SnO_2, **Wolframit** $(Mn, Fe)WO_4$ und **Molybdänglanz** MoS_2 in den Greisen gefunden. Durch pneumatolytischen Einfluß bildet sich besonders auf Kosten von Feldspat **Topas** $Al_2[F_2 | SiO_4]$, ein sehr *hartes,* glasglänzendes Mineral, das eine Spaltbarkeit besitzt, aber auch muschelig bricht. In derber Ausbildung sind die Kristalle meist undurchsichtig und weißlich, gelblich oder rötlichweiß gefärbt.

In unserem Granitaufschluß müssen wir auf kleine Hohlräume im Gestein achten, die meist als Drusen von frei gewachsenen Kristallen verschiedener Minerale ausgekleidet sind. An diesen Stellen hielten sich die pneumatolytischen Gase auf. Am häufigsten zu finden sind Feldspäte und Quarze mit gewachsenen Kristallflächen, meist violett gefärbte **Flußspat**würfel CaF_2 und pistaziengrüne Rasen von nadeligem **Epidot** $Ca_2(Fe^{3+}, Al)Al_2[O | OH | SiO_4 | Si_2O_7]$. Besonders typisch als späte Mineralbildungen im Granit sind schwarze **Turmaline,** die „Schörle" $NaFe_3^{2+}Al_6\{(OH)_4 | (BO_3)_3 | [Si_6O_{18}]\}$, die als radialstrahlige Aggregate die sogenannten Turmalinsonnen bilden.

All diese Dinge reizen zum Sammeln. Hierbei kommt es nicht wie bei der Probe des typischen Gesteins darauf an, ein bestimmtes Format einzuhalten. Im Gegenteil, es werden nur die notwendigsten Schläge ausgeführt, um bei zu großen Stücken, die außer einer kleinen interessanten Stelle unwesentlich sind, überflüssige und störende Teile abzuschlagen. Die Gefahr, ein einmaliges Stück mitten entzweizuschlagen, ist viel zu groß. Manchmal muß ein besonderer Fund aus dem anstehenden Gestein herauspräpariert werden. Dann sollten lieber stabile Bergungswerkzeuge, wie Brechstange und Spitzmeißel, sorgfältig eingesetzt werden, statt mit einem viel zu leichten

Hammer wüste Schläge auszuführen. Vor allem sollen die Kristalle einer Mineralstufe nicht vom Gestein abgebrochen werden, da sie dann wertlos sind.

Für die pegmatitisch-pneumatolytischen Bildungen liegen die Temperaturen zwischen 600° und 300 °C. Bei weiterer Abkühlung kondensiert Wasser aus, und die gebildeten *hydrothermalen Lösungen* fließen auf Spalten ab, die allmählich durch Ausscheidung der gelösten Stoffe von den Seitenwänden, den Salbändern, her zuwachsen. So entstehen Quarzgänge wie der Bayrische Pfahl, die oft etwas freies **Gold** (Au) enthalten. Auch **Kalkspat**-($CaCO_3$-), **Flußspat**-(CaF_2-) und **Schwerspat**-($BaSO_4$-)Gänge werden gebildet. Außerdem können in reichem Maße Erze, vor allem **Kupferkies** ($CuFeS_2$), **Zinkblende** (ZnS), **Bleiglanz** (PbS) und **Silberminerale** auskristallisieren. Bei diesen hydrothermalen Erzgängen werden die Gangausfüllungen aus Nichterzen, zum Beispiel Kalkspat, Quarz oder Schwerspat, als Gangart bezeichnet.

Früher blühte in den deutschen Mittelgebirgen ein reger Erzbergbau auf hydrothermalen Gängen, der heute allerdings an vielen Stellen erloschen ist. Auf den alten Halden lassen sich immer noch Probestücke des einst geförderten Materials finden, doch wird sich der Gesteinssammler weniger mit hydrothermalen Gängen beschäftigen als ein Mineraliensammler.

Ehe wir den Steinbruch verlassen, suchen wir nach offenen Klüften, auf denen häufig sehr schöne Kristalle von Mineralen wie Quarz oder Kalkspat sitzen, die irgendwann während der langen Zeit nach der Abkühlung des Plutons aus zirkulierenden Wässern auskristallisiert sind.

Weitere Tiefengesteine

Magma ist in vielen Fällen aufgeschmolzenes Krustenmaterial. Bei seiner Kristallisation entstehen außer dem Granit weitere Tiefengesteine, die aber längst nicht so oft vorkommen. In manchen Fällen hatte das Ausgangsmagma keine durchschnittliche Zusammensetzung, weil nur ein kleiner Anteil der Kruste aufgeschmolzen war und diese überwiegend aus Gesteinen, z. B. aus Kalk- und Mergelgesteinen, aufgebaut war, deren Chemismus von dem des Granits stark abweicht. Viele Diorite lassen sich davon ableiten. Auch kann die Schmelze anders als geschildert entstanden sein, nämlich durch Druckentlastung im oberen Erdmantel unterhalb der festen Erdkruste an einer Stelle, an der Zerrspalten aufgerissen waren, die durch die gesamte Kruste hinunterreichten. Nach dem Aufstieg des Magmas entstanden bei der anschließenden Auskristallisation überwiegend dunkle, kieselsäurearme Gesteine, vorwiegend Gabbro, und nur in geringem Maße Granit.

Aber auch aus einer granitischen Schmelze können vor der Hauptkristallisation gesonderte Tiefengesteinskörper aus dunkleren Gesteinen abgetrennt werden. Diese Erscheinung beruht auf der Gesetzmäßigkeit, daß bei sehr hohen Temperaturen der Schmelze zwischen 1200° und 900 °C in einem Stadium der *Frühkristallisation* vorwiegend andere Minerale gebildet werden als später. Da sie spezifisch schwerer oder leichter als die Schmelze sind, können sie absaigern und ein eigenes Gestein bilden. Dieser Prozeß heißt *Gravitationsdifferentiation*. Sonst werden die Frühkristallisate von der granitischen Schmelze bei niedrigen Temperaturen wieder aufgelöst, denn jedes Mineral besitzt nur einen bestimmten Stabilitätsbereich. Unter den

Bedingungen der *Hauptkristallisation* zwischen 900° und 600 °C sind gerade Biotit, natriumreicher Plagioklas, Kalifeldspat und Quarz stabil.

Das nachstehende Schema zeigt in vereinfachter Form, welche Minerale im Verlauf der Abkühlung auftreten und sich ablösen.

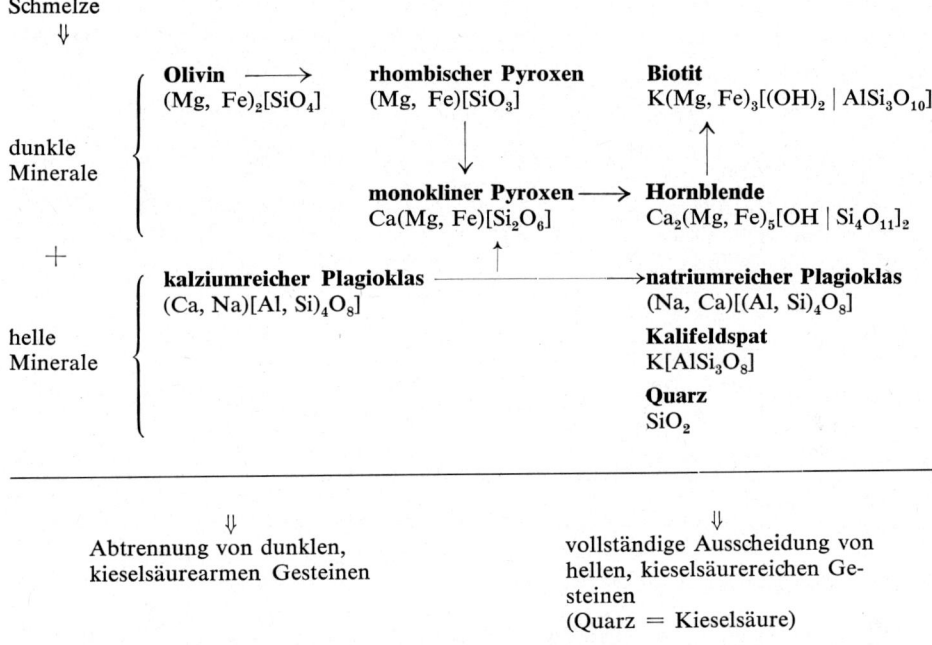

Schmelze
⇓

dunkle Minerale {

Olivin ⟶ (Mg, Fe)$_2$[SiO$_4$]

rhombischer Pyroxen (Mg, Fe)[SiO$_3$]

Biotit K(Mg, Fe)$_3$[(OH)$_2$ | AlSi$_3$O$_{10}$]

monokliner Pyroxen ⟶ Ca(Mg, Fe)[Si$_2$O$_6$]

Hornblende Ca$_2$(Mg, Fe)$_5$[OH | Si$_4$O$_{11}$]$_2$

+

helle Minerale {

kalziumreicher Plagioklas ⟶ (Ca, Na)[Al, Si)$_4$O$_8$]

natriumreicher Plagioklas (Na, Ca)[(Al, Si)$_4$O$_8$]

Kalifeldspat K[AlSi$_3$O$_8$]

Quarz SiO$_2$

⇓
Abtrennung von dunklen, kieselsäurearmen Gesteinen

⇓
vollständige Ausscheidung von hellen, kieselsäurereichen Gesteinen
(Quarz = Kieselsäure)

wichtigste Gesteine: **Gabbro**   **Diorit**   **Granit**

Wenn die Schmelze ursprünglich kieselsäurearm war, wie es bei einer Entstehung aus Material vom oberen Erdmantel zutrifft, kann ebenfalls nach dem gleichen Reaktionsprinzip eine ganze Differentiationsfolge von olivinreichen Gesteinen bis zu Graniten und sogar Granitpegmatiten auftreten. Allerdings überwiegen mengenmäßig die zuerst gebildeten dunklen Gesteine, während bei einer kieselsäurereichen, granitischen Schmelze Granit das Hauptprodukt ist.

Die systematische Einteilung der magmatischen Gesteine, zu denen die Tiefengesteine gehören, erfolgt auf Grund ihres quantitativen Mineralbestandes *(Modalbestand)*. Deshalb sollen vor der Beschäftigung mit den einzelnen Tiefengesteinen die in Frage kommenden Minerale genannt werden.

Tab. I: *Gesteinsbildende Minerale der magmatischen Gesteine*

hart bedeutet: mit einem Stahlnagel nicht oder schwer ritzbar
weich bedeutet: mit einem Stahlnagel unter Bildung einer etwas eingetieften Spur, um die Mineralstaub liegt, ritzbar.

23

Quarz (SiO_2): meist *farblos, grau durchscheinend, fettglänzend, Bruchfläche muschelig, hart.*

Feldspäte: meist hell, glasklar oder *milchigtrüb,* oft rötlich, gelblich oder grünlich. Dunkle Varietäten zeigen häufig einen Schiller von gelb bis blau. Bildet bei Bruch ebene, spiegelnde *Spaltflächen, hart.*

Plagioklas ($Na, Ca)[(Al, Si)_4O_8]$: auf den Spaltflächen ist meist eine feine Streifung zu erkennen.

Kalifeldspat $K[AlSi_3O_8]$: oft rötlich.

Feldspatvertreter oder **Foide:** Minerale, die weniger Kieselsäure als Feldspat enthalten und in kieselsäurearmen Gesteinen vorkommen, in denen sich vor allem kein Quarz bilden konnte.

Leucit $K[AlSi_2O_6]$: *schmutzigweiß,* halbdurchsichtig, *Bruch muschelig, hart,* Kristalle gerundet, in Tiefengesteinen selten, dagegen treten in manchen kalireichen Ergußgesteinen gut erkennbare *Einsprenglinge* auf, die eine ganz typische regelmäßige Form zeigen.

Nephelin $KNa_3[AlSiO_4]_4$: *weiß, graugrün, graurot* oder gelblich, meist trüb, deutlich *fettig glänzend, Bruch muschelig, hart,* von Quarz durch leichte *Löslichkeit in Salzsäure* unterscheidbar. Dabei wird gallertige Kieselsäure abgeschieden.

Glimmer: feine *Schüppchen* oder *Plättchen,* die sich aufblättern und verbiegen lassen, *weich.*

Muskovit $KAl_2[(OH)_2 \mid AlSi_3O_{10}]$: *farblos, silbrigweiß* oder hellbraun, Glanz seidenartig oder perlmuttartig metallisierend, tritt in metamorphen Gesteinen (siehe unten) oft in feinsten Schüppchen auf und wird dann auch Serizit genannt.

Biotit $K(Mg, Fe)_3[(OH)_2 \mid AlSi_3O_{10}]$: *schwarz, dunkelbraun* oder dunkelgrün, Glanz perlmuttartig metallisierend.

Amphibol, Hornblende $Ca_2(Mg, Fe)_5[OH \mid Si_4O_{11}]_2$: *schwarz, braun* oder grün, glas- oder seidenglänzend, bildet *Spaltflächen:* auf Schnitten senkrecht zur Längserstreckung der Kristalle schneiden sich die Spaltrisse unter 124°, *hart,* häufig schiefrig, *faserig* und *stengelig* ausgebildete Kristalle. (Zu den Amphibolen gehört eine Gruppe der Asbeste.)

Pyroxen, Augit $Ca(Mg, Fe) [Si_2O_6]$: *schwarz,* bräunlichschwarz oder grün, Glasglanz, bildet weniger gute Spaltflächen als Hornblende. Auf Schnitten senkrecht zur Längsachse der Kristalle schneiden sich die Spaltrisse fast rechtwinklig (unter 87°), *hart,* Kristalle meist *gedrungen* oder *körnig.*

Olivin $(Mg, Fe)_2 SiO_4$: *grün* bis *grünschwarz,* fettglänzend, *muscheliger Bruch, hart.*

Apatit $Ca_5[F \mid (PO_4)_3]$: farblos, weiß oder farbig, z. B. grün, violett oder braun, muscheliger Bruch, *mittlere Härte,* daher mit Stahlnagel ritzbar, *löslich in verdünnter Salpetersäure.* Größere prismatische oder tafelige Kristalle mit erkennbarer hexagonaler Symmetrie treten insbesondere als pegmatitisch-pneumatolytische Bildungen auf.

Turmalin, Schörl $NaFe_3^{2+}Al_6\{(OH)_4 \mid (BO_3)_3[Si_6O_{18}]\}$: *schwarz,* undurchsichtig, Fettglanz, *Bruch muschelig, splittrig, hart.* (Durchsichtige Edelturmaline in verschiedenen Farben sind meist pegmatitisch-pneumatolytischer Entstehung oder Drusen- und Kluftfüllungen mit niedrigerer Bildungstemperatur).

Magnetit Fe_3O_4: *schwarz, grauer Metallglanz,* muscheliger Bruch, *magnetisch.*

24

Allgemeine Entstehungsmerkmale für Tiefengesteine:
Feste, meist harte Gesteine, die aus *körnigen Kristallen* zusammengesetzt sind. Das Gefüge ist *richtungslos.* Blasenhohlräume sind selten. Organische Strukturen können unmöglich vorkommen. Gesteine vom allgemeinen Aussehen eines Tiefengesteins treten auch in anderen Gesteinsgruppen auf, z. B. bei den Ergußgesteinen, Ganggesteinen und metamorphen Gesteinen (siehe unten).

Granit: Die hellen Minerale überwiegen. *Quarz* und *Kalifeldspat* sind Hauptbestandteile. Dazu tritt Plagioklas. Von den dunklen Mineralen ist Biotit am wichtigsten. Hornblende und Pyroxen können vorkommen.
Aussehen des Gesteins: hellgrau, -rötlich, -grünlich oder -gelblich mit dunklen Flecken.
Der Granit bildet selbständige, große Gesteinskörper (z. B. im Harz, Odenwald, Schwarzwald, Fichtelgebirge, Bayrischen Wald, Böhmerwald).

Granodiorit: Er ist dem Granit sehr ähnlich, nur das Verhältnis der Feldspäte ist entgegengesetzt, indem im Granodiorit *mehr Plagioklas* als Kalifeldspat oder gleichviel vorhanden ist, während beim Granit Kalifeldspat überwiegt.
Aussehen (Farbtaf. II, Bild 5): ähnlich dem Granit, nur meist grau.
Vorkommen: als selbständige, mächtige Massen oder als Übergangsgestein am Rand von Granitmassiven. (Beispiele: Spessart, Bayrischer Wald).

Syenit: Der Anteil der hellen Minerale überwiegt, allerdings sind sie fast nur durch *Kalifeldspat* vertreten. Plagioklas ist viel weniger vorhanden, und Quarz fehlt meist ganz. Als dunkler Gemengteil tritt Hornblende oder seltener Glimmer oder Pyroxen auf.
Aussehen (Farbtaf. II, Bild 3): hell, häufig fleischrot.
Vorkommen: Selbständige Vorkommen sind selten, meist handelt es sich um syenitische Teile eines Granitkomplexes.

Alkalisyenit und **Foidsyenit:** Wie beim Syenit ist das vorherrschende Mineral Kalifeldspat. Der Plagioklasanteil liegt unter $10^0/_0$ der Feldspäte. Die Foide, vor allem *Nephelin,* sind wesentlich am Gesteinsaufbau beteiligt. Gesteine aus dieser Gruppe kommen u. a. in Südnorwegen vor. Am bekanntesten ist der verhältnismäßig dunkel aussehende *Larvikit* aus der Gegend von Larvik, der wegen seiner blauschillernden Kalifeldspäte zu geschliffenen Platten verarbeitet wird.

Monzonit: Das Gestein steht zwischen dem Syenit und dem Diorit. *Kalifeldspat* und *Plagioklas* kommen in ungefähr dem gleichen Mengenverhältnis vor. Bei diesem Gestein treten wie beim Diorit auch die dunklen Minerale, vor allem Hornblende merklich in Erscheinung.
Wichtiges Vorkommen: Predazzogebiet in Südtirol. Nach der dortigen Ortschaft Monzoni ist die ganze Gesteinsgruppe benannt worden.

Quarzdiorit oder **Tonalit:** Das Gestein enthält etwa soviel Quarz wie Granit. *Plagioklas* ist der vorherrschende Feldspat. Kalifeldspat kommt nur bis zu $10^0/_0$ des Feldspatanteils vor. Die dunklen Minerale *Hornblende,* Biotit und z. T. Augit bilden über $5^0/_0$ des gesamten Mineralbestandes.
Aussehen: dunkelgrau oder grünlich.

Die Verbreitung ist ähnlich der von Granit, Granodiorit und Diorit (Beispiel: Spessart).

Diorit: *Plagioklas* und *Hornblende* sind Hauptbestandteile. Untergeordnet treten Quarz und Biotit auf.

Aussehen: dunkelgrau oder dunkelgrün.

Vorkommen: häufig in Kristallingebieten, ähnlich wie Granit, geht in seiner Entstehung oft auf Aufschmelzung von kalkreichen Ausgangsgesteinen zurück. (Beispiele: Spessart, Bayrischer Wald, Odenwald).

Gabbro: *Plagioklas* und *Pyroxen* sind Hauptbestandteile. Außerdem kann Olivin vorkommen, der oft in matte, schwärzlichgrüne Serpentinkörner umgewandelt ist.

Aussehen (Farbtaf. II, Bild 4): dunkelgraubraun oder dunkelgraugrün.

Vorkommen: selbständige Gesteinskörper (z. B. im Harz bei Bad Harzburg, Odenwald, Fichtelgebirge).

Norit: Er unterscheidet sich vom Gabbro durch den reichlichen Anteil eines besonderen Pyroxens *(rhombischer Pyroxen).* Im Norit kommen häufig größere Mengen an Erz, nämlich Magnetit und Ilmenit vor, die sich sehr ähnlich sind, aber durch ihre verschiedenen magnetischen Eigenschaften unterschieden werden können.

Vorkommen: zusammen mit anderen kieselsäurearmen Gesteinen wie Anorthosit und Gabbro (z. B. Harz bei Bad Harzburg, Egersundgebiet in Südwestnorwegen).

Anorthosit: Es handelt sich um ein monomineralisches *Plagioklasgestein,* das in zwei Typen vorkommt: erstens als massiger Anorthosit in großen Komplexen aus rotviolett gefärbtem Gestein (z. B. im Egersundgebiet in Südwestnorwegen), zweitens als weißer, lagiger Anorthosit im Dachbereich ausdifferenzierter Gabbrokörper.

Peridotit: Das Gestein leitet sich vom Gabbro ab, indem die dunklen Minerale *Olivin* und *Pyroxen* extrem angereichert sind. (Beispiele: Odenwald, Harz)

Dunit: Er besteht im wesentlichen aus *Olivin* und wurde als Differentiat aus gabbroiden Schmelzen gebildet.

Pyroxenit: Alleiniger Hauptbestandteil ist *Pyroxen*. Wie Dunit und Peridotit kommt Pyroxenit meist im Zusammenhang mit Gabbromassiven vor.

Außer den genannten Gesteinen gibt es noch eine große Anzahl weiterer mit Namen belegter Tiefengesteine, die aber in der Natur selten auftretende Mineralvergesellschaftungen darstellen. Wenn diese mit in Betracht gezogen werden sollen, ist eine Bestimmung und Unterscheidung nur mit Hilfe der mikroskopischen Untersuchung von *Dünnschliffen* unter einem *Polarisationsmikroskop* möglich. Dazu werden Plättchen aus dem Gestein gesägt und auf eine Dicke von etwa 0,025 mm heruntergeschliffen, die dann im durchfallenden Licht betrachtet werden können. Im übrigen kann bei der makroskopischen Untersuchung häufig nur eine ungefähre Bezeichnung, wie dunkles Tiefengestein, angegeben werden. Deshalb braucht der Sammler nicht zu verzweifeln, wenn er sich bei einer Probe nicht zwischen zwei oder drei in Frage kommenden Gesteinsnamen entscheiden kann. Meist wird er den umgekehrten Weg gehen und an einem bestimmten Fundort, den er z. B. aus einem Exkursionsführer erfahren hat, nach einem bestimmten Gestein suchen, von dem er sich auf Grund der gegebenen Übersicht vorher eine gewisse Vorstellung machen kann.

Entstehung der vulkanischen Gesteine

Im Anschluß an die Tiefengesteine oder Plutonite wollen wir uns der zweiten großen Gruppe magmatischer Gesteine zuwenden, den *Ergußgesteinen* oder *Vulkaniten*. Sie werden so genannt, weil in ihrem Fall das Magma an der Erdoberfläche ausfließt und erstarrt. War bei den Plutoniten Granit der Hauptrepräsentant dieser Gesteinsgruppe mit einer Magmaentstehung an den Wurzeln der Faltengebirge, so besteht die Hauptmasse der Vulkanite aus **Basalt**. Sein Material stammt aus einer tiefer gelegenen Schale der Erde, dem *äußeren Erdmantel* (s. Abb. 1a und 1b). Wir dürfen uns nicht etwa vorstellen, daß diese Zone unterhalb der festen Erdkruste überall aus einer Schmelze besteht. Dort, wo tiefe Bruchzonen die Erdkruste bis zum äußeren Mantel durchsetzen, entsteht durch die Druckentlastung ein Magma, das die vorgebildete Spalte gleich als Aufstiegskanal benutzen kann. Und an solchen Stellen können wir oft vulkanische Vorgänge registrieren. Diese häufen sich besonders in Zerrzonen der Erde, die sich als sogenannte *Lineamente* linienhaft über große Entfernungen erstrecken. Ein solches Lineament zieht sich durch Deutschland als Oberrheintalgraben und Leinetalgraben. Zu demselben System gehören die ostafrikanischen Grabenbrüche, das Rote Meer, der Rhonetalgraben, der Oslograben und der Mjösasee in Norwegen. Seit dem Erdaltertum bildeten sich entlang dieser Lineamente Gebiete mit vulkanischen Gesteinen, bevorzugt dort, wo Querstörungen kreuzten.

Zu manchen Zeiten war der Vulkanismus besonders lebhaft, beispielsweise im Perm und in der jüngsten geologischen Vergangenheit: im Tertiär und Quartär. In Deutschland liegen eine Reihe zusammenhängender Vulkangebiete, die häufig aus sehr verschiedenen vulkanischen Gesteinen aufgebaut sind, z. B. der Kaiserstuhl im Oberrheintal, das Siebengebirge, die Vulkaneifel, der Vogelsberg und die Rhön. Daneben gibt es eine Unmenge von Einzelvulkanen, die sich im hessischen Raum häufen und meist aus Basalt bestehen. Überhaupt ist Basalt das an der Erdoberfläche verbreitetste magmatische Gestein. Deshalb wollen wir es näher kennenlernen, am besten durch eine Exkursion in einen Basaltsteinbruch (Abb. 9, S. 29).

Im Basaltsteinbruch

Da unsere Basalte recht junge Gesteine sind, ist die ursprüngliche Form ihrer Gesteinskörper im allgemeinen wenigstens andeutungsweise erhalten: Auf der Fahrt zum Basaltsteinbruch werden wir uns einem Berg nähern, der sich kegelförmig über seine Umgebung erhebt. Meist wird er von *Decken* gebildet, zu denen die Schmelze über andere Gesteine ausgeflossen ist, oder, nach stärker wirksamer Abtragung, von dem herausmodellierten *Basaltschlot*.

Das Basaltmagma müssen wir uns als sehr dünnflüssige und ungefähr 1100 °C heiße

Schmelze vorstellen, die sich ihren Weg durch den vorhandenen Gesteinsverband sucht und schließlich an der Oberfläche und nahe der Oberfläche schnell abkühlt und erstarrt. Die Form des im Nebengestein steckenden Basaltkörpers richtet sich deshalb stark nach vorhandenen Klüften, die der Basalt als Gänge ausfüllt. Manchmal gelingt es ihm, zwischen geschichtete Gesteine als *Lagergang* einzudringen. In Anbetracht dieser Eigenschaften des Basalts dürfen wir uns nicht wundern, wenn wir in Aufschlüssen mit ganz andersgearteten Gesteinen unvermutet auf einen Basaltgang stoßen.

Auch im Basaltsteinbruch werden wir uns zunächst wieder einen Überblick verschaffen. Besonders wird uns interessieren, ob der *Kontakt* zum Nebengestein aufgeschlossen ist. Wenn wir ihn auffinden, so werden wir im Vergleich zum Kontakthof des Granits auffallend geringe Veränderungen des benachbarten Gesteins feststellen. Das hängt mit dem raschen Wärmeverlust des erstarrenden Basalts in den oberflächennahen Schichten zusammen. Manchmal können wir eine Rotfärbung durch Eisenoxide als Saum im Nebengestein beobachten.

Als nächstes wenden wir unsere Aufmerksamkeit der Klüftung zu. Nicht immer, aber häufig ist als Besonderheit des Basalts eine bemerkenswerte Erscheinung ausgebildet, die *säulige Absonderung*. Bei der Abkühlung erstarrte der Gesteinskörper zu lauter eckigen Säulen, die senkrecht zur Kontaktfläche mit dem Nebengestein stehen. Je nach den Aufschlußverhältnissen blicken wir auf die Längsseiten der nebeneinanderliegenden Säulen, oder wir sehen bei Querschnitten durch die Säulen ein polygonales Mosaik. Am häufigsten sind die sechsseitigen Säulen, aber es gibt auch drei-, vier-, fünf- und siebenseitige. Leider sind sie meist zu groß, als daß wir von jeder Sorte ein Exemplar für die Sammlung mitnehmen könnten.

Ehe wir ein Handstück schlagen, untersuchen wir einige Proben. Zunächst fallen die dunkle Färbung, die rein schwarz, braunschwarz oder etwas grünlich sein kann, und das hohe Gewicht auf. Einzelne Minerale können wir kaum erkennen, da Basalt sehr feinkörnig ist. Erst durch mikroskopische Untersuchungen am Dünnschliff lassen sich seine Mineralkomponenten Augit, Plagioklas und Olivin bestimmen. Dazu kommt manchmal ein ziemlich hoher Erzgehalt an **Magnetit** (Fe_3O_4) und **Ilmenit** ($FeTiO_3$). Das Erz können wir sogar mit bloßem Auge als metallisch grauglänzende feine Pünktchen bemerken.

Hinsichtlich seines Mineralbestandes entspricht der Basalt dem Gabbro. Auch die anderen Vulkanite lassen sich jeweils einem Tiefengestein zuordnen. Die unterschiedliche Entstehungsweise zeigt sich am auffälligsten im Gesteinsgefüge. Richtungslos körnige Gefüge, wie sie bei den Tiefengesteinen typisch sind, sind bei den Ergußgesteinen selten. Bei den Ergußgesteinen werden wir eine ganze Fülle verschiedener Gefüge kennenlernen, die mit den jeweiligen Abkühlungs- und Druckverhältnissen zusammenhängen. Der Basalt besitzt meist ein äußerst feinkörniges, sogenanntes *dichtes Gefüge*. Wegen der raschen Abkühlung bildeten sich schlagartig sehr viele kleine Kristalle, die weder Zeit noch Platz besaßen, um groß zu werden.

Abb. 9. Alte Wand im Steinbruch auf der Bramburg bei Adelebsen, nordwestl. von Göttingen, Niedersachsen. Durch den Steinbruch wird eine etwa 100 m mächtige, flach gelagerte, schüsselförmige Basaltplatte (Murawski, H., 1951, 1956) aufgeschlossen. Senkrecht zu den Grenzflächen der Platte stehen die abgesonderten Basaltsäulen, die an dieser Stelle sehr eindrucksvoll sind (Federzeichnung von Elsbeth Pape)

Da alle Mineralkomponenten sehr hart sind, besitzt auch das Gestein große Härte. Wir stellen bei der Ritzprobe mit dem Stahlnagel fest, daß es sich nicht ritzen läßt. Im Gegensatz zu manchen anderen dichten, harten und dunklen Gesteinen sind die *Kanten* von scharfkantigen Basaltbruchstücken *nicht durchscheinend.* Während der Erstarrung bilden sich in der Basaltschmelze häufig *Gasblasen,* die später im Gestein als Hohlräume erhalten bleiben. Manche Basalte erhalten dadurch ein schlackenähnliches Aussehen. Besonders interessant werden die Blasenhohlräume für uns, wenn sie nachträglich mit Mineralbildungen ausgefüllt worden sind. Beim Granit hatten wir die pneumatolytische und hydrothermale Phase kennengelernt, bei der

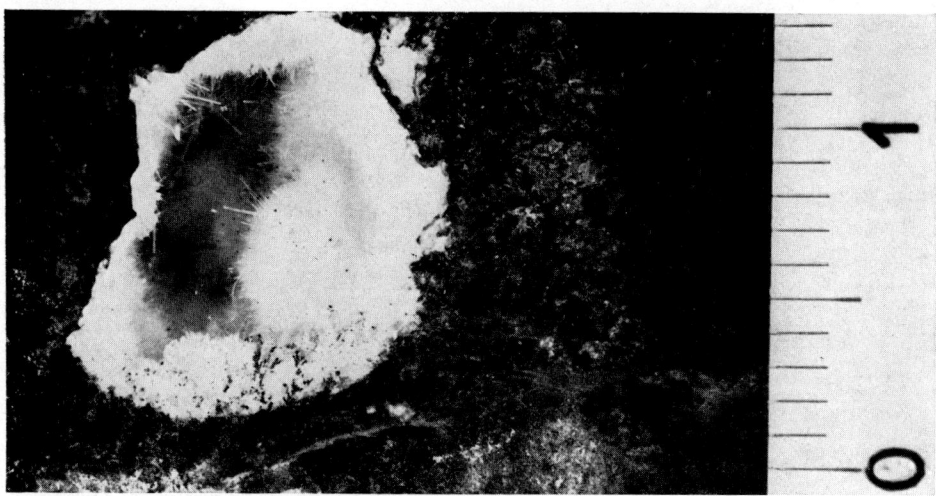

Abb. 10. Basalt mit einem Blasenhohlraum, der von nadeligem Zeolith ausgekleidet wird. Fundort: Steinbruch Burg-Kopf, ca. 500 m WSW Hoffeld (Blatt Dollendorf)

sich mit dem Wasser zahlreiche Elemente sammeln, die zusammen eine Fülle von Mineralen bilden können. Im Grunde geschieht das gleiche bei den vulkanischen Gesteinen während der Entgasung, die als *vulkanische Exhalation* (Aushauchung) bezeichnet wird. Aus hydrothermalen Lösungen scheiden sich in den Blasenhohlräumen Kristallrasen ab, besonders von einer Mineralgruppe, den *Zeolithen.* Das sind Silikate, die in ihr Kristallgitter Wasser eingebaut haben. Häufig sind die nadeligen oder faserigen Aggregate von **Natrolith** $Na_2[Al_2Si_3O_{10}] \cdot 2\,H_2O$ (Abb. 10) zu finden.
Außerdem können Verwitterungslösungen ihre Stoffe in den Blasenhohlräumen abladen. Wenn die Hohlräume ganz zugefüllt sind, werden sie Mandeln genannt. So gibt es z. B. **Kalkspatmandeln** bei Ausfüllung mit Calcit. Wahre Naturschönheiten sind manche Drusenbildungen und gebänderte, sogenannte **Achatmandeln** aus Quarz und **Opal** (nichtkristalline, wasserhaltige Kieselsäure). In den **Amethystdrusen** ist der Quarz violett gefärbt.
Etwas ganz anderes als Blasenhohlraumausfüllungen sind grüne Knollen im Basalt. Sie bestehen hauptsächlich aus körnigem **Olivin,** dessen Eigenschaften wir an diesen

Olivinbomben gut studieren können (Farbtaf. III, Bild 4). Bis auf die grüne Farbe ähnelt der Olivin sehr dem Quarz, denn er läßt sich nicht ritzen, besitzt einen muscheligen Bruch und Glasglanz. Wahrscheinlich stammen die Olivinbomben aus sehr großer Tiefe, aus dem oberen Erdmantel, wo so ausgefallene Gesteine, die fast nur aus Olivin bestehen und **Dunit** genannt werden, in größeren Massen vorkommen. Bruchstücke davon werden von der basaltischen Schmelze mit emporgerissen und gelangen entweder in den Basalt oder werden zusammen mit vulkanischen Lockerprodukten ausgeworfen.

Da der Basalt ein sehr festes Gestein ist, wurde er früher in großem Ausmaß zur

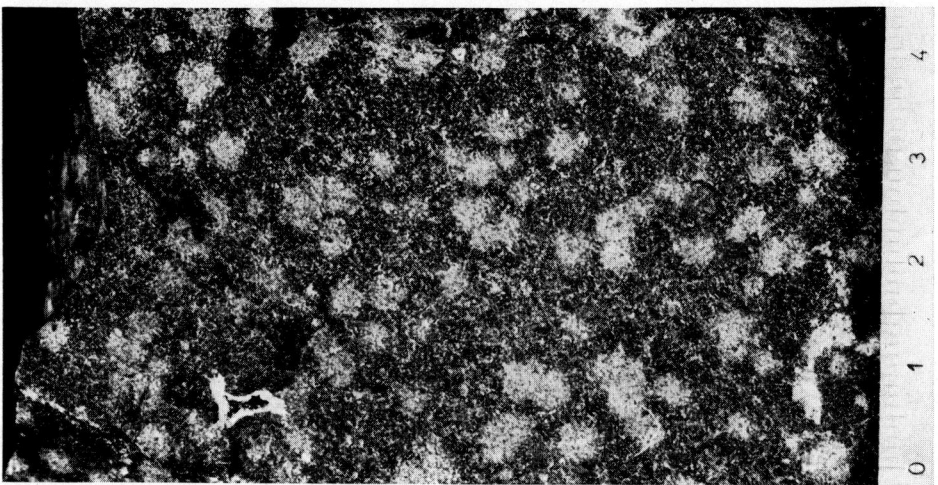

Abb. 11. Sonnenbrennerbasalt. Fundort: Steinbruch und Braunkohlengrube auf dem Meißner in Hessen

Herstellung von Pflastersteinen gebrochen. Heutzutage steht die Verwendung zu Straßenschotter im Vordergrund. Ein Typ von Basalt erwies sich hierzu allerdings als ungeeignet. Wegen der unerwünschten Eigenschaft, beim Liegen an der Tagesoberfläche weiße Flecke zu bekommen und anschließend zu zerbröckeln, wurde er *Sonnenbrenner* (Abb. 11) genannt.

Weitere Ergußgesteine

Für die Systematik der Ergußgesteine wird im Prinzip dieselbe Einteilung nach dem Mineralbestand und Chemismus benutzt wie bei den Tiefengesteinen. Wir brauchen uns nur zu dem Namen der Tiefengesteine den Namen der entsprechenden Ergußgesteine merken. Etwas kompliziert wird die Sache dadurch, daß früher bei der Benennung eines Vulkanits unterschieden wurde zwischen Gesteinen des jungen, tertiären und quartären Vulkanismus und solchen älterer Entstehung.

Zum Gabbro gehört als junges Ergußgestein der **Basalt.** Für das erdgeschichtlich ältere Äquivalent wird manchmal der Name **Melaphyr,** in den meisten Fällen aber der Name **Diabas** gebraucht. Diabase und ihre Tuffe gehören zu den Füllungen der Geosynklinaltröge. Der Vulkanismus spielte sich in der varistischen Geosynklinale, besonders im Devon, vor allem untermeerisch ab. Wir können die Diabase als mächtige Gesteinskörper im Harz und im Rheinischen Schiefergebirge studieren. Meist ist das Gestein etwas grün gefärbt und heißt deshalb auch *Grünstein.* Diese Färbung beruht auf der Umwandlung der dunklen Minerale in grüne Silikate durch Einwirken heißer Wässer, die ja meist bei magmatischen Vorgängen gebildet werden. Manche Diabasvarietäten sind reich an Blasenhohlräumen, die von Kalkspat ausgefüllt sind. Sie werden *Diabasmandelstein* (Farbtaf. III, Bild 3) genannt. Häufig durchziehen Kalkspatgänge das Gestein. Die grobkörnigen Diabasvarietäten sind körnig kristallin mit unterscheidbaren Einzelmineralen, die ein besonderes Gefüge bilden. Wir erkennen helle Feldspatleisten, die miteinander kreuz und quer nadelig verfilzt sind und die übrigen dunklen Minerale einschließen. Diese sogenannte *ophitische Struktur* (Abb. 12) verleiht dem Gestein eine enorme Zähigkeit und Schlagfestigkeit, weshalb es besonders als Straßenschotter geeignet ist.

Bei einer Benennung des Gesteins nach rein petrographischen Eigenschaften (Petrographie = Gesteinskunde) kann der Begriff Basalt allgemein und Diabas für die ophitischen oder die in Grünstein umgewandelten Typen verwendet werden.

Bei den Ergußgesteinsäquivalenten des Granits begegnen uns die gleichen Schwierigkeiten. Das junge Gestein wird oft **Liparit,** das alte **Quarzporphyr** genannt. Allgemein verwendbar ist die Bezeichnung **Rhyolith.** Dieses Gestein ist *hell* wie der Granit und meist *rot* gefärbt.

Das Gefüge ist entweder einheitlich dicht oder glasig, oder es treten in einer solchen Grundmasse einzelne größere Kristalle als Einsprenglinge auf. Dann wird von *porphyrischem* Gefüge gesprochen. Als Einsprenglinge können beim Rhyolith Feldspat-

Abb. 12. Diabas mit ophitischer Struktur. Die hellen tafeligen Kristalle bestehen aus Plagioklas. Fundort: Aasby, Schweden

kristalle, und zwar hauptsächlich *Kalifeldspatkristalle,* vorhanden sein, die in ihrer eigenen Kristallform ausgebildet sind. Die Form kann dadurch etwas verwaschen sein, daß die Kristalle, die als erste aus der Schmelze auskristallisierten, nachträglich von ihr etwas korrodiert wurden. Feldspatkristalle sind an ihrer Spaltbarkeit erkennbar. Sie sind in jungen Ergußgesteinen manchmal glasklar, bei den älteren jedoch immer etwas mehlig trübe. Daneben gibt es *Quarzeinsprenglinge,* die meist rundlich und klar sind. Deshalb sehen sie fast schwarz wie Löcher aus. Die Bruchflächen der Quarze sind muschelig. Abgesehen

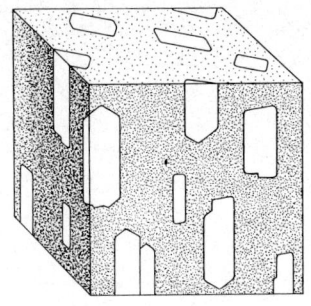

Abb. 13. Trachytisches Gefüge

vom porphyrischen Gefüge beobachten wir gerade bei den dichten Rhyolithen ein *Fluidalgefüge* (Fließgefüge). Durch Schlierenbildungen und Einregelung von Gasbläschen und Kriställchen ist die Fließbewegung der Schmelze zum Zeitpunkt der Erstarrung sichtbar geblieben (Farbtaf. III, Bild 1).
In Deutschland ist der Vulkanismus des Perm durch eine starke Förderung von Rhyolithen gekennzeichnet. Beispiele sind der thüringische Porphyr (porphyrisches Gefüge mit Quarz- und Feldspateinsprenglingen) und der **Felsitporphyr** (dichter oder glasiger Rhyolith mit Fluidalgefüge) des Südharzes bei Bad Sachsa.
Mit den Syeniten in eine Familie der magmatischen Gesteine gehört als Ergußgestein der **Trachyt.** Ist das Gestein vor dem Tertiär gebildet worden, kann es **Porphyr** (Farbtaf. III, Bild 2) oder **Orthophyr** = Orthoporphyr genannt werden. Eine berühmte Lokalität für Trachyt ist in Deutschland der Drachenfels im Siebengebirge. Die Grundmasse des Gesteins ist oft porös, *hellgrau* oder *rötlich.* Als Einsprenglinge treten *Kalifeldspat*kristalle, *Plagioklas* und dunkle *Hornblende*kristalle auf. Eine Ab-

Abb. 14. Vulkanische Schlacke. An der linken unteren Seite sehen wir einen großen tafeligen Biotitkristall. Fundort: Schlackengrube Rother Kopf, ca. 1 km südl. Roth, Eifel

art des porphyrischen Gefüges ist das *trachytische Gefüge* (Abb. 13, Seite 33), bei dem die Kalifeldspäte durch Einregelungsvorgänge linear angeordnet sind. Bei den jungen Gesteinen sind die Kalifeldspäte oft wasserklar. Die dort auftretende Form des Kalifeldspats wird **Sanidin** genannt.

Dem Tiefengestein Diorit entspricht das Ergußgestein **Andesit.** Das geologisch alte Gestein heißt auch **Porphyrit.** Bei den Gesteinen dieser Familie haben Quarz und Kalifeldspat keine Bedeutung. In der *dunkelgrauen* Grundmasse bestehen die hellen Einsprenglinge aus *Plagioklas,* die dunklen aus *Hornblende, Glimmer* oder *Augit.*

Bisher haben wir nur Ergußgesteine erwähnt, bei denen die Feldspatvertreter (Foide) keinen nennenswerten Anteil am Mineralbestand haben. Von den foidführenden Vulkaniten müssen wir den **Phonolith** kennen, der dem Nephelinsyenit entspricht. Der Phonolith kann mächtige Gesteinsstöcke bilden (z. B. im Kaiserstuhl) mit einer körnig kristallinen Gesteinsausbildung. Neben Kalifeldspat ist der Feldspatvertreter *Nephelin* Hauptbestandteil. Dieses Mineral ist daran zu erkennen, daß es mit Salzsäure zu gelatinöser Kieselsäure zersetzt wird. Das Gestein ist manchmal in Platten zerteilt, die beim Anschlagen einen hellen Klang geben. Auf diese Eigenschaft bezieht sich der Name Phonolith (Klingstein).

Ganggesteine

Im Granitsteinbruch waren uns Aplit- und Pegmatitgänge begegnet, deren Schmelze sich aus dem Granitmagma abgespalten hat. Auch die anderen magmatischen Gesteine besitzen eine Ganggefolgschaft. Wenn sich für den Gang eine gegenüber dem Ausgangsmagma kieselsäurereichere Schmelze differenziert hat, nennen wir die feinkörnigen Ganggesteine **-aplite,** die grobkörnigen **-pegmatite,** wobei der Tiefengesteinsname als Namensteil vorangestellt wird. So wird von einem gabbroiden Magma als grobkörniges Ganggestein ein Gabbropegmatit hervorgebracht.

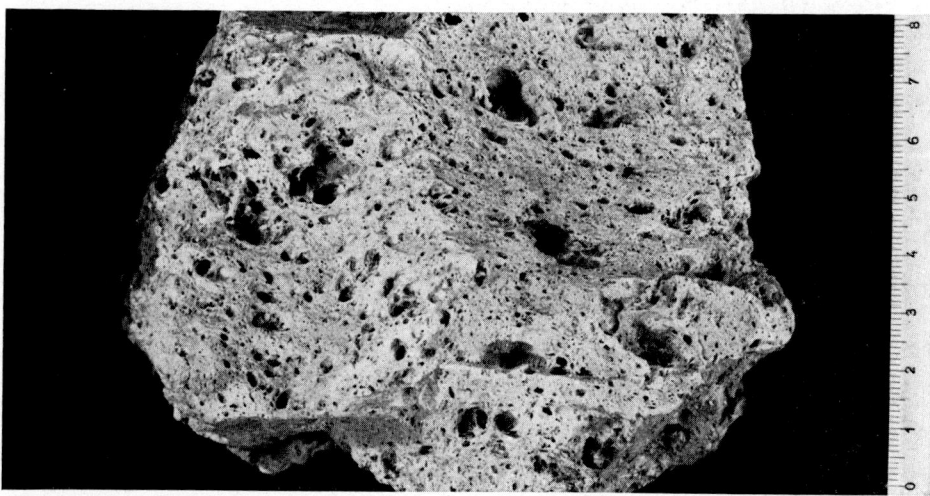

Abb. 15. Bimsstein. Fundort: Bimsgrube, 2 km südl. Nickenich, Laacher-See-Gebiet

In anderen Fällen bestehen die Gänge aus kieselsäureärmeren Differentiaten. Für diese dunklen Gesteinsgänge gibt es entsprechend dem System der Plutonite und Vulkanite Namen, die den Mineralbestand und Chemismus genau kennzeichnen. Alle werden unter der Sammelbezeichnung **Lamprophyr** zusammengefaßt.

Vulkanische Schlacken und Gläser

Wenn die Entgasung einer vulkanischen Schmelze sehr heftig vor sich geht, entstehen poröse Gesteine. Bei einer gasreichen Schmelze wird im Extremfall das ganze flüssige und feste magmatische Material einschließlich des Gesteins aus dem durchbrochenen Untergrund in die Luft geschleudert. Um den Kraterrand bildet sich ein Schuttkegel aus **vulkanischen Schlacken** (Abb. 14, Seite 33). Die einzelnen Stücke sind meist rotbraun gefärbt durch ein Eisen-Titan-Oxid, **Pseudobrookit** Fe_2TiO_5.
Die Schmelze kann sogar zu feinem vulkanischen Staub zerblasen werden, der vom Wind verfrachtet wird. Nach der Ablagerung bilden sich **Tuff**lagen, die sich über mehr als hundert Kilometer von der Ausbruchstelle weg erstrecken können.
Ein besonderes Produkt sind die Tuffe aus **Bimsstein** (Abb. 15). Sie bestehen aus einzelnen lockeren, weißen Gesteinsbrocken, die viel poröser als die gewöhnlichen vulkanischen Schlacken sind. Sie sind so leicht, daß sie in Wasser schwimmen. Bei ihrer Erstarrung reichte die Zeit nicht zur Bildung von Kristallen aus. Statt dessen wurde die Schmelze zu feinem **vulkanischen Glas** abgeschreckt.
Die Bildung von Gläsern braucht nicht unbedingt mit Entgasung verbunden sein. Das Gestein bildet dann deckenartige Gesteinskörper aus festem, splittrigem Gestein, dessen Kanten im Licht durchscheinen. Beim Anschlagen werden muschelige Bruchflächen ausgebildet mit scharfen Rändern. Deshalb sollten wir beim Schlagen eines Handstückes sehr vorsichtig sein und lieber Handschuhe anziehen. Schwarze vulkanische Gläser sind der pechartig glänzende **Pechstein** und der **Obsidian** (Abb.

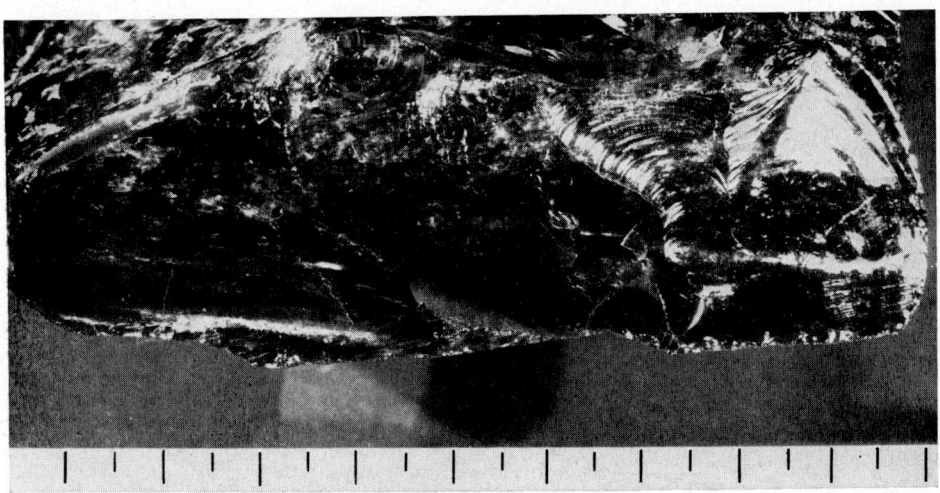

Abb. 16. Obsidian. Fundort: Insel Lipari, Italien

16, Seite 35) mit Glasglanz. Dagegen ist der **Perlit** mehr bläulichgrau gefärbt und zeigt wachsartigen Glanz. Für ihn ist die Absonderung in perlenartigen Kügelchen charakteristisch.

Vulkanische Schlacken, Tuffe und vulkanische Gläser treffen wir vor allem in den größeren Vulkangebieten an, z. B. in der Vulkaneifel, an Vesuv und Ätna, auf den Liparischen Inseln und auf Island.

Karbonatite

In Vulkangebieten, die aus foid-reichen magmatischen Gesteinen aufgebaut sind, wie der Kaiserstuhl in Deutschland, kommen eigenartige Gesteinskörper, die **Karbonatite,** vor, die hauptsächlich aus magmatisch gebildeten Karbonaten **Kalkspat** $CaCO_3$ und **Dolomit** $CaMg(CO_3)_2$ bestehen. In untergeordnetem Maße beteiligen sich Feldspäte, Feldspatvertreter, Biotit, Pyroxen und Olivin am Mineralbestand. Das Gestein ist hell und körnig kristallin. Mit Salzsäure braust der Kalkspat heftig auf.

Die Karbonatite ähneln in mancher Weise den Pegmatitstöcken von Graniten. In beiden haben sich seltene Elemente angereichert, z. B. Niob und Tantal. Deshalb haben Karbonatite als Minerallagerstätten große Bedeutung.

Über die Entstehung von Sedimenten und Sedimentgesteinen

Ein Bildungsprinzip von Gesteinen, die Kristallisation aus einer Schmelze, haben wir kennengelernt. Auf ganz andere Weise entsteht an der Erdoberfläche, beinahe vor unseren Augen, eine Gruppe von Gesteinen, die ihr Material auf irgendeinem Wege nach einer Zerkleinerung oder Auflösung von älteren Gesteinen beziehen.

Nehmen wir als Ausgangspunkt ein Granitmassiv. Eine grobe Vorzerkleinerung ist schon frühzeitig durch die Klüftung erfolgt. Durch die Kräfte der *Verwitterung* zerfällt das Gestein in Granitgrus. Vor allem der Feldspat wird in Tonminerale zersetzt und geht zum Teil in Lösung. Je mehr die Zerkleinerung fortschreitet, desto leichter kann das Material von den Transportmedien Wasser, Gletschereis oder Wind aufgenommen werden. Während der *Abtragung* und der *Verfrachtung* geht die Zerstörung der festen Gesteinsbruchstücke weiter. Schließlich wird das Transportgut *abgelagert*. In diesem Augenblick ist ein neues Gestein geboren, ein *Sediment* oder *Lockergestein*.

Der Gebirgsbach, der im Granitmassiv entspringt, bewegt zunächst sogar schwere Blöcke talabwärts. Mit abnehmender Strömungsgeschwindigkeit bleiben nacheinander grober Gesteinsschutt, Geröll und **Kies** liegen. In den Unterläufen und im Deltabereich der Flüsse lagern sich **Sand** und **Schluff (Silt)** ab. Die feine **Ton**trübe und die gelösten Stoffe gelangen ins Meer oder in große Seen. Mit dem Transport durch Wasser erfolgt also eine *Klassierung* (Aussonderung) nach verschiedenen Korngrößen. Außerdem werden die fortbewegten Teilchen *abgerundet*. Da weniger widerstandsfähige Gesteine und Mineralkörner zerrieben werden, reichern sich die Quarzsandkörner, die ursprünglich aus der Quarzmineralkomponente des Granits stammen, an. Deshalb treten Feldspatsandkörner mengenmäßig meist stark zurück.

Im Gegensatz zum Transport durch Wasser tritt während des Transports durch Eis keine Aufteilung des mitgeführten Materials in Korngrößenklassen ein. Nach dem Abtauen bleibt eine *Grundmoräne* liegen, die vom feinsten bis zum gröbsten Material alles enthalten kann. Wenn Kalk vorhanden ist, der vom Gletscher beim Überfahren von Gebieten mit Kalkstein und Mergelstein im Untergrund aufgenommen wurde, heißt das Sediment **Geschiebemergel.** Läßt sich kein Kalk nachweisen (z. B. mit Salzsäure), wird von **Geschiebelehm** gesprochen. Außer der Grundmoräne, die eine große flächenhafte Ausdehnung besitzt, bildeten sich zeitweilig langgestreckte Höhenzüge aus Abschmelzrückständen entlang der Gletscherfront. Diese *Endmoränenzüge,* die in der Landschaft Norddeutschlands als Hügelketten hervortreten, entstanden immer dann, wenn der Gletscherrand über längere Zeiten stationär blieb, d. h. wenn sich Eisnachschub und Schwund durch Abschmelzen die Waage hielten.

Das Gesteinsmaterial, das wir als Eiszeitablagerungen in Norddeutschland finden, stammt zum größten Teil aus Skandinavien. Aus der Kenntnis von charakteristischen dort anstehenden Gesteinen kann der Quartärgeologe die ursprüngliche Heimat vie-

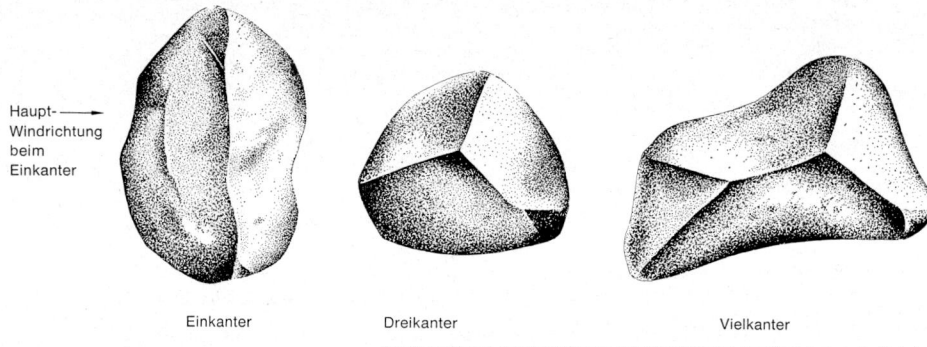

Haupt-⟶
Windrichtung
beim
Einkanter

Einkanter　　　　　Dreikanter　　　　　　　　　Vielkanter
(mehrere Haupt-Windrichtungen oder Verdrehung des Gesteinsbruchstücks)

Abb. 17. Windkanter aus Norddeutschland

ler Geschiebe bestimmen. Geschiebe heißen die vom Eis verfrachteten Gesteinsstücke. Mit Hilfe einer statistischen Auswertung solcher Daten lassen sich Erkenntnisse über den Weg der einzelnen Eisströme gewinnen. Als sehr dankbare Aufgabe erweist sich die Anlage einer Geschiebesammlung. Allerdings gehört dazu schon recht viel Erfahrung, und die Sammlung sollte durch Vergleichsmaterial aus den Ursprungsländern der Geschiebe ergänzt werden. Andererseits liefern uns die Eiszeitgeschiebe, die wir am besten an den Steilküsten der Ostsee sammeln können, eine Fülle von Material zur Auswahl, mit dem wir eine Gesteinstypensammlung bereichern können.

Typisch für Geschiebe ist deren geringe Kantenrundung. An vielen Geschieben werden uns Rillen auffallen, die während des Eistransports durch Bewegung gegen die Gesteinsunterlage des Gletschers oder gegen andere Geschiebe entstanden. Solche Gebilde bezeichnet der Geologe als *gekritzte* Geschiebe. Auf einer Exkursion durch skandinavische Länder werden wir durch die Form der Berge immer wieder an die Überfahrung durch das Eis und seine gewaltige abtragende Wirkung erinnert. In manchen Gebieten ist jede Felserhebung in einen *Rundhöcker* mit glattgeschliffenen Flächen und *Gletscherschrammen* verwandelt.

Die Wirksamkeit des Windes setzt da an, wo weite Strecken Land ohne Vegetationsbedeckung offen daliegen, u. a. in Trockenwüsten und am Meeresstrand. Da der Wind die gröberen Kornfraktionen nur selten zu transportieren vermag, andererseits offene Tonflächen als Kruste daliegen, von der er keine einzelnen Partikel lösen kann, kommen als hauptsächliches Frachtgut Schluff und Sand in Frage.

Für uns ist von den *äolischen* Sedimenten (Windsedimente) der **Löß** am wichtigsten. Sein Material, vorwiegend Quarzkörner und Kalkstaub der Schlufffraktion, wurde während der Eiszeiten aus den freien Flächen vor dem Eisrand und den Schotterterrassen der Flüsse ausgeblasen. Wir können den gelblichen, mehlfeinen Löß fast überall im damals nicht von Gletschern bedeckten Gebiet antreffen, entweder als wenige Dezimeter dicken Schleier über den älteren Gesteinen des Untergrundes oder als mehrere zehn Meter mächtige Ablagerung, besonders in einem breiten Streifen nördlich der Mittelgebirge und an den großen Flüssen wie Rhein, Weser, Elbe und Donau. Wenn wir bei der Untersuchung des Lockergesteins Salzsäure auf die frisch

38

abgestochene Aufschlußwand spritzen, so beobachten wir lebhaftes Aufbrausen aufgrund des Kalkgehaltes im Löß. Im oberen Teil und bei sehr mächtigen Lößvorkommen mit mehreren Lößbildungszeiten in mehreren Horizonten bleibt das Aufbrausen aus. Das beruht auf der Entkalkung des Bodens durch von der Oberfläche einsickerndes Wasser. Aus

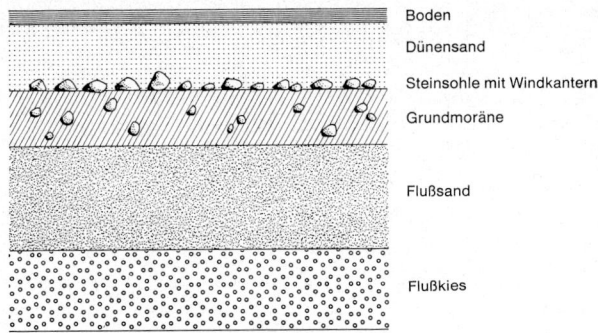

Boden
Dünensand
Steinsohle mit Windkantern
Grundmoräne

Flußsand

Flußkies

Abb. 18. Geologisches Profil mit Steinsohle aus dem Quartär Norddeutschlands

dem Löß hat sich **Lößlehm** gebildet. Unterhalb des Lößlehms kann der gelöste Kalk wieder ausgeschieden werden, und zwar in Form oft merkwürdig gestalteter fester Kalkknollen, den *Lößkindeln.* Damit haben wir wieder etwas gefunden, was sich in unsere Gesteinssammlung einreihen läßt, und das in einem Gestein, das von vornherein nicht aussah, als ob es zum Sammeln reizen könnte.

In diesem Zusammenhang sei auf ein weiteres geeignetes Sammelobjekt hingewiesen. Wenn in offenen Gebieten Gesteinsbrocken frei daliegen, dann wirkt der Wind wie ein Sandstrahlgebläse und gibt ihnen einen charakteristischen Facettenschliff und bei geeignetem Material zusätzlich eine Politur. Diese sogenannten *Windkanter* (Abb. 17) sind im allgemeinen in Wüsten zu finden. Doch so weit brauchen wir gar nicht zu fahren, denn in der Lüneburger Heide liegen sie mancherorts auf den Feldern oder sind mit auf die Lesesteinhaufen geworfen. An einem geeigneten Aufschluß im Gebiet der Eiszeitablagerungen Norddeutschlands können wir die Herkunft der Windkanter aus ihrem natürlichen Gesteinsverband erkennen (Abb. 18). Wir wollen annehmen, daß wir dort Flußsande und -kiese, Grundmoränenmaterial, bestehend aus einem Gemenge von Ton, Schluff, Sand und einzelnen Gesteinsbrocken, und an der Oberfläche Dünensande antreffen. Wenn vorhanden, soll uns jetzt vor allem eine Gesteinssohle zwischen Grundmoräne und Düne interessieren, die aus einer Lage größerer Steine besteht. Bei Betrachtung im einzelnen erkennen wir, daß die meisten dieser Steine Windkanter sind. Nun ist die Entstehung der Steinsohle klar. Während einer vegetationsfeindlichen Zeit wurde das feinere Material aus der Grundmoräne ausgeblasen, und die dadurch angereicherten Eiszeitgeschiebe wurden windgeschliffen und poliert.

Von allen Sedimenten sind, geologisch betrachtet, die am wichtigsten, die sich in eingesenkten Meeresbecken ansammeln. Im Gegensatz zu festländischen Ablagerungen sind sie gut vor einer baldigen Abtragung geschützt. Aus einem Sediment, das lange Zeit lagert und dabei von neuem Material belastet wird, entsteht durch die Vorgänge der *Diagenese,* nämlich durch Alterung und Verfestigung, ein Reifeprodukt, das wir als Sedimentgestein ansprechen. Aus Ton wird **Tonstein,** aus Schluff **Schluffstein (Siltstein)** und aus Sand wird **Sandstein.** Bei groben Komponenten wird nach der Form der Gesteinsstücke unterschieden. Abgerundete Gerölle ergeben ein **Konglomerat,** eckige Gesteinstrümmer eine **Breccie.**

Geologische Messungen und Beobachtungen an Sandstein

Ein auffälliges Merkmal für Sedimentgesteine ist die *Schichtung.* Sie entsteht dadurch, daß sich bei der Bildung des Gesteins eine Schicht auf der anderen abgelagert hat. Diese Eigenschaft ist so charakteristisch, daß die Sedimentgesteine auch Schichtgesteine genannt werden. Ehe wir uns weiter theoretisch mit der Fülle von neuen Erscheinungsformen beschäftigen, die uns die Sedimentgesteine zu bieten haben, sollten wir eine Exkursion in einen Sandsteinbruch planen. Es dürfte keine Schwierigkeiten bereiten, einen geeigneten Aufschluß zu finden, denn von allen Gesteinsarten in Deutschland haben die roten Sandsteine des Buntsandsteins, so wird der mittlere Abschnitt der Triasformation wegen seiner gesteinsmäßigen Ausbildung genannt, flächenmäßig die größte Verbreitung. An vielen Gebäuden in Süddeutschland begegnet uns der Buntsandstein als Baustein. Einige Besonderheiten der Schichtung lassen sich besonders gut an den großen Sandsteinquadern der Bauwerke beobachten.

Zur Exkursion in den Sandsteinbruch können wir einen Geologenkompaß mitnehmen, um uns mit seinem Gebrauch vertraut zu machen. Am besten eignet sich für unsere Zwecke ein Clargefügekompaß.

Im Aufschluß versuchen wir zunächst einmal, uns zu orientieren, indem wir uns in einigem Abstand vor die Aufschlußwand stellen. Wahrscheinlich zeigt sich, daß der ganze Gesteinskomplex aus parallelen Schichten aufgebaut ist, die allerdings sehr verschieden mächtig sein können. Neben zentimeterdicken Lagen kommen über 10 m dicke Bänke vor. Ihre Grenzen sind durch scharfes Einsetzen eines anderen Materials oder durch Schichtfugen zu erkennen. Bei nicht ganz frischen Aufschlüssen treten härtere Bänke gegenüber weicheren reliefartig hervor. Wir können in eine Aufschlußskizze die Dicke der Schichten eintragen. Gemessen wird dazu die kürzeste Entfernung zwischen Schichtober- und Schichtunterseite. Dieser Abstand wird als *wahre Mächtigkeit* bezeichnet (Abb. 21). In der Aufschlußebene wird oft eine viel größere Dicke vorgetäuscht. Was wir bei schrägen Anschnitten sehen, ist die scheinbare Mächtigkeit, die um so größere Werte annimmt, je größer die Abweichung vom senkrechten Profilschnitt der Schichten ist.

Ursprünglich lagen die Schichten horizontal. Diese söhlige Lagerung braucht aber nicht mehr erhalten sein. Durch gebirgsbildende Vorgänge erfolgen Bewegungen, bei denen die einzelnen Teile der Erdkruste gegeneinander verschoben werden. Sie äußern sich in Verbiegungen und Verstellungen der Schichtpakete. Das Ergebnis ist entweder ein *Faltenbau* mit abwechselnden *Mulden* und *Sätteln,* oder es treten Brüche, *„Verwerfungen",* auf, an denen sich einzelne Schollen verschieben (Abb. 19). Mit solchen Verwerfungen müssen wir immer rechnen. Sie ziehen sich meist als Trennfläche durch den Gesteinskomplex. Da die Teile auf beiden Seiten mit ihren Schichten im einzelnen nicht mehr zusammenpassen, das Bild also gestört ist, werden Verwerfungen auch *Störung* genannt. Bei kleinen Versetzungsbeträgen können wir im Aufschlußbereich erkennen, wie die Schichten an der Verwerfung scheinbar einen Sprung machen und parallel verschoben in der benachbarten Scholle weiterlaufen. Der senkrecht zur Schichtfläche gemessene Verschiebungsbetrag wird als *Sprunghöhe* bezeichnet.

Im Bereich der Störung kann das Gestein in verschiedener Weise verändert sein.

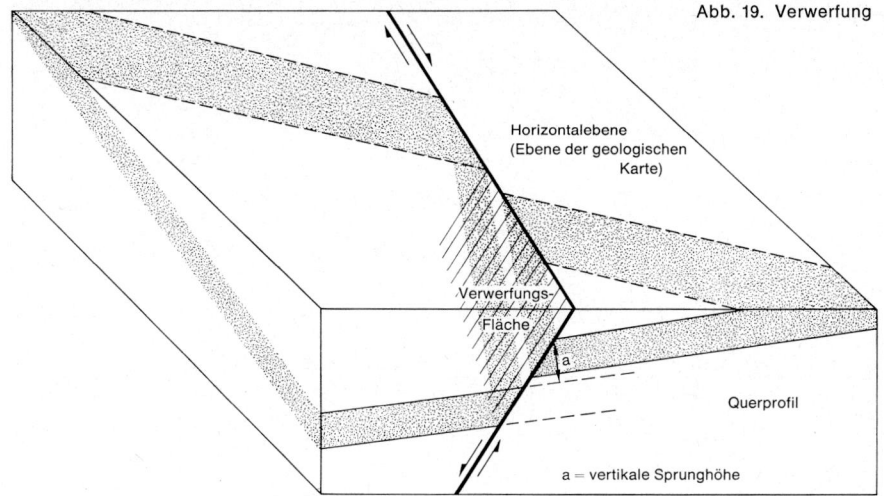

Abb. 19. Verwerfung

Horizontalebene
(Ebene der geologischen
Karte)

Verwerfungs-
Fläche

a

Querprofil

a = vertikale Sprunghöhe

Manchmal ist es zu einem sogenannten *Mylonit* zermahlen. Häufiger erfolgte die Bewegung ganz glatt auf der Verwerfungsfläche, die sich zu einem „*Harnisch*" mit polierter und gestriemter Oberfläche entwickelte. Auf der Oberfläche befinden sich typische, als Stufen ausgebildete Abrißkanten, die beim Dagegenstreichen mit der Hand sich rauh anfühlen. Wenn wir dagegen in der sich glatt anfühlenden Richtung parallel zu den Striemen über den Harnisch fahren, können wir uns vorstellen, daß unsere Hand die andere Scholle darstellt und die während der Verwerfung erfolgte Bewegung ausführt. Falls wir einen Harnisch (Abb. 20) finden, sollten wir ein Stück

Abb. 20. Harnisch im Kalkstein. Bei dem abgebildeten Stück zeigen die Stufen nach oben. Es wurde also gegenüber dem fehlenden Teil abwärts verschoben. Fundort: Steinbruch auf dem Winterberg bei Bad Grund, Harz

41

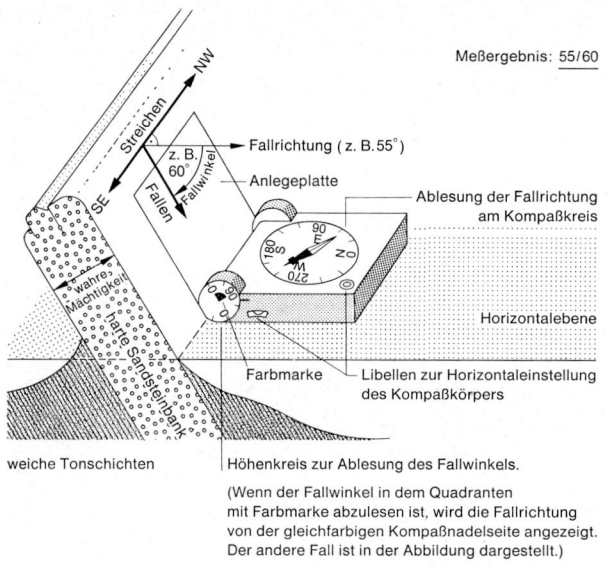

Meßergebnis: $\underline{55/60}$

Fallrichtung (z. B. 55°)

Anlegeplatte

Ablesung der Fallrichtung am Kompaßkreis

Horizontalebene

Farbmarke — Libellen zur Horizontaleinstellung des Kompaßkörpers

Höhenkreis zur Ablesung des Fallwinkels.

(Wenn der Fallwinkel in dem Quadranten mit Farbmarke abzulesen ist, wird die Fallrichtung von der gleichfarbigen Kompaßnadelseite angezeigt. Der andere Fall ist in der Abbildung dargestellt.)

Abb. 21. Messung der Lage einer Schichtfläche mit dem Gefügekompaß

für unsere Sammlung mitnehmen, die wir später durch weitere Exemplare aus verschiedenen Gesteinen ergänzen können.

Zwischen den einzelnen Verwerfungen liegen ungestörte Teilbereiche. Um einen solchen kann es sich in unserem Aufschluß handeln. An den harten Gesteinsbänken wird uns auffallen, daß sie meist nach mehreren Hauptrichtungen durch *Klüfte* zerteilt sind, die ebenfalls ein Zeugnis ablegen von einer mechanischen Beanspruchung durch gebirgsbildende Kräfte.

Nun zurück zur Lagerung der Schichten, die wir uns trotz möglicher Verbiegungen oder sogar Faltung zumindest im engen Bereich als ebene Platten vorstellen wollen. Zur eindeutigen Beschreibung der Lage einer Ebene im Raum werden verschiedene Begriffe benutzt, deren Werte sich mit dem *Gefügekompaß* messen lassen (Abb. 21). Zunächst handelt es sich um die „*Streichrichtung"*, das ist die Richtung der Schnittgeraden zwischen der Schichtfläche und einer Horizontalebene. Wenn eine schräg gelagerte Schicht in einem ebenen Gelände zutage tritt, dann können wir sie an der Erdoberfläche in eben dieser Streichrichtung verfolgen, da wir gerade den Schnitt mit der Horizontalebene vor uns haben. Senkrecht zur Streichrichtung verläuft die „*Fallrichtung"*. Sie gibt uns an, wohin die Schicht zur Tiefe hineinfällt. Es ist die Richtung des größten Gefälles, in der auf die Schicht gegossenes Wasser abläuft. Schließlich interessiert, wie steil das Einfallen der Schicht ist. Dazu messen wir den Winkel zwischen der Schichtfläche und der Horizontalebene in der Einfallsrichtung. Dieser Winkel wird *Einfallswinkel* genannt.

Zur Angabe der Himmelsrichtungen wird der Kreis der Windrose von Norden über Osten laufend in 360° geteilt. Da sich die Streichrichtung aus der Fallrichtung durch Addition oder Subtraktion von 90° ergibt, genügt es, Fallrichtung und Fallwinkel anzugeben, z. B. 320/60, wobei die Schicht mit 60° nach NW einfällt. Als Streichrichtung ergäbe sich 50°, d. h. NE-Richtung (E = Abkürzung für Osten). Derselbe Sachverhalt läßt sich auch darstellen durch Angabe von Streichrichtung, Fallwinkel und Angabe der ungefähren Himmelsrichtung des Einfallens. Das ist notwendig, da zu jeder Streichrichtung zwei Fallrichtungen möglich sind. Unser Beispiel sähe dann so aus: 50/60 NW.

Nachdem wir wissen, was wir messen wollen, können wir den Kompaß zur Hand nehmen. Im Gegensatz zum Marschkompaß sind die Himmelsrichtungen in der Rei-

42

henfolge N, E, S, W auf einer festen Skale entgegengesetzt zum Uhrzeigersinn aufgetragen. Wieso ist das sinnvoll? Um das zu verstehen, zeichnen wir uns zunächst auf einer horizontalen Ebene eine Gerade in N-S-Richtung auf (Abb. 22). Dann können wir den Kompaß mit einer Seitenkante so an die Gerade anlegen, daß die Kompaßnadel mit ihrem schwarzen Ende nach N zeigt. Als nächstes zeichnen wir eine zweite Gerade, die gegen die erste etwas in SSW—NNE-Richtung verdreht ist. Drehen wir nun den Kompaß in dieselbe Richtung, so beobachten wir an der Nadel, wie sie sich über der Skaleneinteilung in NE-Richtung bewegt, bis wir den richtigen Wert direkt ablesen können.

Zum Messen von Neigungen besitzt der Kompaß eine ausklappbare Platte, deren Winkel gegen das Kompaßgehäuse seitlich abgelesen werden kann.

Nun wollen wir die räumliche Lage einer Schicht messen. Dazu suchen wir uns eine möglichst glatte Fläche der Schichtober- und -unterseite und richten den Kompaß so aus, daß er mit seiner Platte an der Fläche anliegt, während sein Gehäuse mit Hilfe von Libellen in horizontale Lage gebracht ist. Seitlich lesen wir den Fallwinkel ab. Um Überlegungen zu sparen, an welcher Seite der Kompaßnadel wir die Himmelsrichtung des Einfallens ablesen müssen, sind einzelne Bereiche der Einfallswinkelskala mit roter Farbe gekennzeichnet. Haben wir den Einfallswinkel im roten Bereich gemessen, müssen wir die Einfallsrichtung an der roten Nadel ablesen, andernfalls an der schwarzen.

Allein durch das Messen mit dem Gefügekompaß wissen wir noch nicht alles über die Lage der Schicht. Wenn wir von der horizontalen „söhligen" Ausgangslage eines Schichtpaketes ausgehen, so können wir uns vorstellen, daß es durch Verstellen über *flache* und *steile* Lagerung schließlich senkrecht, *saiger,* gestellt wird. Darüber hinaus kann die Bewegung weiterführen zu einer *überkippten, inversen* Lagerung, bei der im Gegensatz zur normalen Lagerung nicht mehr die älteste Schicht zuunterst liegt. Ob normale oder inverse Lagerung vorliegt, läßt sich ganz leicht entscheiden, wenn die Schichten in ihrer normalen Lagerung genau bekannt sind. Sonst können uns Gefüge helfen, die sich nach den Lageverhältnissen zum Zeitpunkt der Sedimentation richten, z. B. eine Schichtung der Bänke, die mit grobem Material einsetzt und dann zu immer feinerer Korngröße übergeht *(gradierte Schichtung).* Auch aus der Lage von Fossilien und ihrer altersmäßigen Stellung in übereinanderliegenden Schichten läßt sich Klarheit gewinnen. Aus den bisherigen Überlegungen ergibt sich, daß die orientierte Erfassung der Schichtenlagerung im Aufschluß von grundsätzlicher Bedeutung für alle weiteren Arbeiten ist.

Als nächstes können wir uns das Gestein der einzelnen Bänke und sein Gefüge ansehen. Ein *wesentlicher Bestandteil* **des Sandsteins** sind *Quarzsand*körner, die wir mit der Lupe erkennen. Bei der Ritz-

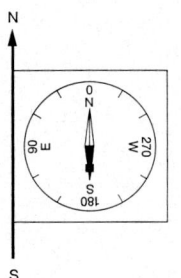

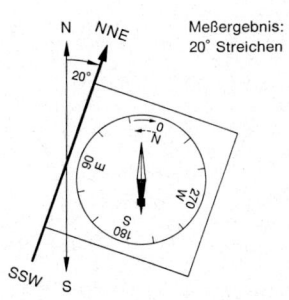

Meßergebnis:
20° Streichen

Abb. 22. Einteilung des Kompaßkreises zur direkten Ablesung von Richtungen

→ scheinbare Bewegung der Kompaßnadel während der Drehung des Kompasses von der Nord- in die NNE-Richtung

probe mit dem Stahlnagel stellen wir entweder keine Ritzbarkeit fest, oder aber wir erzeugen eine tiefe Ritzspur. Dann haben wir die einzelnen Quarzkörner unzerstört aus ihrem Verband gelöst. Auf die große Härte schließen wir in diesem Fall aus dem kratzenden Geräusch. Unser Interesse gilt vor allem der Korngröße, deren Mittelwert wir abschätzen. Aufgrund der angegebenen Korngrößenskala entscheiden wir, ob es sich um **Fein-, Mittel-** oder **Grobsand** handelt.

Korngrößenskala nach DIN 4022

Grobsand	0,63 mm	bis 2 mm
Mittelsand	0,2 mm	bis 0,63 mm
Feinsand	0,063 mm	bis 0,2 mm

Auf einer frischen Bruchfläche ragen meist die einzelnen Körner als rundliche Gebilde hervor. Das gilt vor allem für die Sandsteine, bei denen die Körner durch ein Bindemittel verbunden sind, das weicher als Quarz ist, z. B. wenn *Kalk* oder *Ton* das *Bindemittel* ist. Ein Kalkzement läßt sich mit Salzsäure nachweisen, die heftiges Aufbrausen verursacht. Bei den sogenannten quarzitischen Sandsteinen sind die Körner durch *kieseliges Bindemittel* (Kieselsäure) verbunden, oder die Quarzkörner haben sich *ohne* ein *Bindemittel* durch Druckwirkung fest *ineinander verzahnt.* Diese Sandsteintypen sind sehr fest, lassen sich mit dem Stahlnagel nicht ritzen und brechen oft muschelig. Auf den Schichtflächen lassen sich bei manchen Sandsteinen, z. B. solchen aus dem **Buntsandstein,** *Glimmerplättchen* erkennen. Sehr reine Sandsteine sind häufig weiß oder gelblich gefärbt. Rote oder braune Farben werden durch *Eisenoxide* hervorgerufen, während eine grüne Färbung auf glimmerähnlichen Verbindungen des Eisens mit Kieselsäure beruht. Im Laufe der Erdgeschichte kam es wiederholt zur Ausbildung mächtiger Ablagerungen roter Sand-Schluff-(Silt-) und Tongesteine, die sich meist im Festlandsbereich *(terrestrisch)* gebildet haben (Taf. IV, 2). Dazu gehören auch die Gesteine des Buntsandsteins, deren Material aus

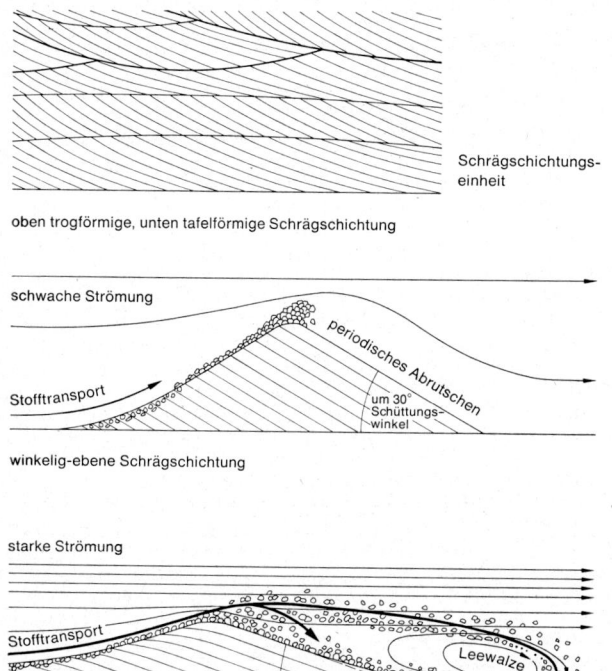

oben trogförmige, unten tafelförmige Schrägschichtung

Schrägschichtungseinheit

schwache Strömung

Stofftransport

periodisches Abrutschen

um 30° Schüttungswinkel

winkelig-ebene Schrägschichtung

starke Strömung

Stofftransport

Leewalze

um 20°

bogig-konkave Schrägschichtung

Abb. 23. Erscheinungsbild und Entstehungsweise von Schrägschichtung

Trockengebieten stammte. Unter den Eiszeitgeschieben finden wir oft einen anderen roten Sandstein, der viel älter als der Buntsandstein ist und aus Skandinavien stammt, den Jotnischen Sandstein. In den sogenannten **Grünsanden** und **-sandsteinen,** die in der Kreide und im Tertiär unseres Gebietes häufig auftreten, können wir einzelne grüne Körner erkennen. Es sind **Glaukonit**körner (Glaukonit ist eines

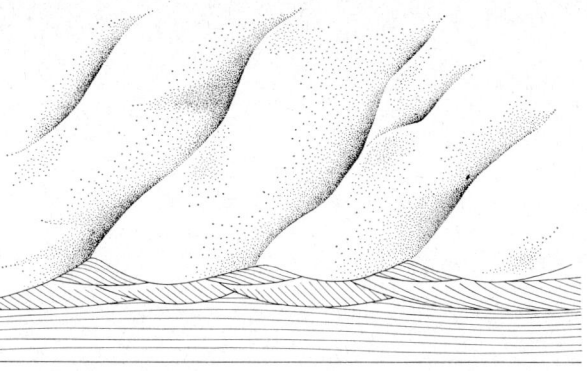

Abb. 24. Wellenrippeln

der erwähnten glimmerähnlichen eisenhaltigen Minerale), die sich im Schelfbereich der Meere bilden.

Während wir uns bemühten, den stofflichen Bestand der im Aufschluß vorkommenden Gesteine zu erkunden, werden wir in vielen Fällen zusätzliche Beobachtungen gemacht haben, die die innere Struktur der Sandsteinbänke betreffen. So kann z. B. durch einen häufigen Materialwechsel vom Groben zum Feinen oder vom Hellen zum kräftiger Gefärbten eine Feinschichtung erkennbar sein. Während innerhalb der sehr feinen Korngrößenfraktionen (Ton-, Schluff-[Silt-]Stein) und auf der anderen Seite bei den groben Korngrößen (Konglomerat) fast ausschließlich horizontale Schichten abgesetzt werden, ist diese Schichtungsart für den Sandstein untypisch. Das hängt damit zusammen, daß die Sandkörner vor ihrem endgültigen Absatz meist vom strömenden Wasser am Boden entlang transportiert werden, wobei es zur Ausbildung von wandernden *Rippeln* und *Sandbänken* kommt (Abb. 23).

Im einzelnen werden die Körner auf der Luvseite der Sandwellen, die der Strömung zugekehrt ist, bis zum Kamm emporgerollt, um anschließend auf der Leeseite im Strömungsschatten abgelagert zu werden. Das geschieht in der Form von typischen *Schrägschichtungsblättern,* die wir fossil bei vielen Sandsteinen beobachten können. Für jeden *Schrägschichtungskörper* bildet die Luvseite eine Abtragungsgrenze. Mächtigere Sandsteinbänke bestehen oft aus vielen nebeneinanderliegenden und übereinandergestapelten Schrägschichtungseinheiten, die durch solche während der Entstehung ausgebildeten Erosionsgrenzen getrennt sind. Bei geringer Strömungsgeschwindigkeit rutscht das am Rippelkamm angesammelte Material den Leehang hinunter unter Ausbildung des natürlichen Böschungswinkels von 25° bis 35°. Von diesem Schrägschichtungstyp mit *steilen, ebenen* Schrägschichtungsblättern, die winkelig auf die unterlagernde Fläche stoßen, läßt sich ein anderer Typ unterscheiden, dessen Schrägschichtungsblätter *flach* liegen und vor allem *schaufelförmig* umbiegen, um tangential in die Basisfläche auszulaufen. Hierbei herrschte eine derart starke Strömung, daß die Körner vom Kamm des Sandkörpers fortgerissen wurden, unter den Einfluß des stark ausgebildeten leeseitigen Wirbels gerieten und sich dann bei ihrer Ablagerung möglichst gut an ihre Unterlage anschmiegten.

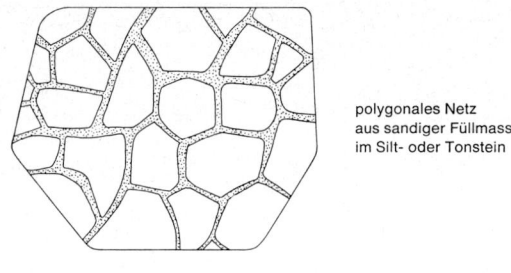

polygonales Netz
aus sandiger Füllmasse
im Silt- oder Tonstein

Abb. 25. Erscheinungsbild von entweder Schrumpf- oder Injektionsrissen auf einer Schichtfläche (oben). Trockenrisse im Querschnitt (Mitte). Injektionsrisse im Querschnitt (unten)

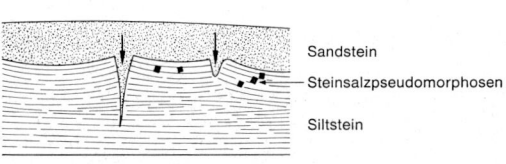

Sandstein

Steinsalzpseudomorphosen

Siltstein

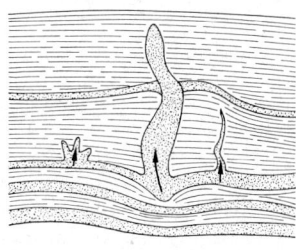

Wenn wir in unserem Buntsandsteinaufschluß eine Sandstein/Tonstein-Wechsellagerung vorfinden, so sollten wir uns genau die Schichtflächen und das Innere der Sandsteinplatten ansehen, da uns hier eine Fülle interessanter Gefüge erwartet. Auf der Oberseite der Bänke fallen uns die wellenförmigen *Rippelmarken* auf. Bei den Strömungsrippeln (Abb. 24, Seite 45), die den Normalfall darstellen, sind die einzelnen Rippeln asymmetrisch gebaut mit einer steileren, der sie erzeugenden Strömung zugewandten Flanke und einer flacheren Flanke. Manchmal können wir am Querschnitt einer Platte mit Strömungsrippeln den Zusammenhang mit einer Schrägschichtung beobachten.

Etwas anderes, was unsere Fantasie zu erregen vermag, sind Tonstein- und Schluffsteinplatten, die mit einem Polyedernetz aus sandigem Material skulpturiert sind (Abb. 25). Sie erinnern uns sehr stark an Risse, wie sie in ausgetrockneten, ehemals schlammigen Pfützen entstehen. In einigen Fällen handelt es sich wirklich um Trockenrisse, die von oben mit Sand verfüllt wurden. Der Verdacht darauf wird bestätigt, wenn wir im Gestein winzige würfelförmige Hohlräume *(Steinsalzpseudomorphosen)* entdecken, die uns verraten, daß tatsächlich eine Austrocknung an der Luft erfolgte, wobei Kochsalzwürfelchen auskristallisierten. Eine Schrumpfung von Tonlagen kann aber auch unter Wasser erfolgen, wenn dessen Salzgehalt plötzlich zunimmt. So können ähnliche *Schrumpfrisse* entstehen. Ein anderer Rißtyp bildet sich während der diagenetischen Verfestigung, bei der die tonigen Lagen die mit dem Zusammenpressen des Sediments verbundene Entwässerung hemmten, bis sie aufreißen. Gleichzeitig dringt meist von unten Sand ein. Deshalb heißen diese Risse *Injektionsrisse.*

Abschließend wollen wir nach dem Bildungsraum der Quarzsandsteine fragen. Voraussetzung ist ein Liefergebiet für das Material in erreichbarer Entfernung. Als solches kommt ein Abtragungsgebiet aus quarzhaltigen kristallinen Gesteinen oder sandreichen Sedimentgesteinen in Frage. Dann müssen noch zwischen dem Liefergebiet und dem Sedimentationsort ausreichend starke Strömungen herrschen, damit ein Transport, verbunden mit der Abtrennung anderer Korngrößen und des Nicht-quarzmaterials, erfolgen kann. Aus diesen Bedingungen geht hervor, daß sich in der Sedimentation ein stark festländischer Einfluß widerspiegelt. So kann es sich z. B. um terrestrische Ablagerungen durch Wind oder Flüsse handeln. Innerhalb des Meeres ist die Sandakkumulation kennzeichnend für Flußdeltas und den Küstenbereich.

Fundmöglichkeiten in Ton- und Schluffgesteinen

Für die Ablagerung der Ton- und Schluffgesteine im Wasser ist Strömungsruhe notwendig, damit sich die feinen Partikel aus der Schwebe absetzen können. Diese Bedingungen sind in Seen, Lagunen und im Innern von tiefen Meeresbecken erfüllt. Unter Ton verstehen wir nicht nur Tonminerale, die zum Teil im Sediment neu ge-bildet werden, sondern alle Teilchen, die kleiner als 0,002 mm sind. Die Kornfrak-tion des Schluff (Silt) liegt zwischen 0,002 mm und 0,063 mm. Während der Dia-genese werden der Ton- oder Schluff-(Silt-)Schlamm sehr stark zusammengedrückt. Für den Sammler haben die feinkörnigen Gesteine die erfreuliche Eigenschaft, daß in ihnen Fossilien sehr säuberlich mit allen ihren Einzelheiten konserviert werden, da sich das Sediment plastisch anzupassen vermag und nach der Einbettung die Fossilien vor zirkulierenden Wässern und deren auflösender Wirkung schützt. So er-halten sich in Tonsteinen zarteste Organismen, und auf Schluffsteinplatten sind die Abdrücke vergänglicher Wesen wie Quallen und ebenso Tierfährten kleiner Orga-nismen in ausgezeichneter Weise konserviert.

Im Gegensatz zu anderen gleichalten Gesteinen bleiben Tongesteine sehr lange plastisch oder erlangen an der Erdoberfläche ihre plastischen Eigenschaften durch

Abb. 26. Tonschiefer mit körperlich erhaltenen Graptolithen. Das Gestein besitzt eine plattige Schie-ferung, die in diesem Falle mit der ursprünglichen Schichtung übereinstimmt. In dem äußerst fein-körnigen Material sind so zarte Fossilien wie die abgebildeten Graptolithen mit den feinen Strukturen ihrer Kammern erhalten. Die Graptolithen lebten in den Meeren des Erdaltertums als meist schwebende Tierstöcke. Stratigraphische Stellung: Gotlandium. Fundort: Slusegaard, westl. der Windmühle, Bornholm

Aufquellen mit Wasser zurück. Deshalb mag die Bezeichnung Tonstein etwas befremden, da durch sie mehr das diagenetische Alter als die Festigkeit bezeichnet werden soll. Allerdings sind trockene Tonproben, wie sie beispielsweise aus Untertage-Aufschlüssen aus großer Tiefe gewonnen werden können, ein festes Gestein, das sich mit dem Hammer schlagen läßt. Zum Erkennen von **Tonstein** in plastischem oder festem Zustand verhelfen uns in jedem Fall folgende Proben:

erstens: Das Gestein läßt sich *mit dem Fingernagel ritzen.*

zweitens: Mit dem Fingernagelrücken läßt sich eine polierte, *glänzende* Spur erzeugen.

Bei **Schluff-(Silt-)Steinen** können wir so *keinen Glanz* erzeugen, und die Ritzhärte kann sehr unterschiedlich sein. Zur Unterscheidung vom Sandstein ist wichtig, daß mit bloßem Auge *keine Einzelkörner* erkannt werden können.

Bei dem Besuch einer Tongrube, in der der Ton zur Herstellung von Ziegelsteinen oder keramischen Erzeugnissen gewonnen wird, mögen uns zusammengeworfene Haufen fester rundlicher Steine auffallen. In der Aufschlußwand werden wir bald eine oder mehrere Lagen dieser sogenannten *Geoden* entdecken, die jeweils in einer Schichtebene liegen und meist senkrecht dazu etwas abgeplattet sind. Sie haben sich wie die Lößkindl als Konkretionen gebildet. Als verfestigendes Material wirkt **Kalkspat, Dolomit** oder **Siderit** ($FeCO_3$, Eisenspat). Im letzteren Falle wird häufig von Toneisensteingeoden gesprochen, die an ihrer braunen Verwitterungskruste erkannt werden können. Um die Geoden dazu zu bringen, ihr Geheimnis zu verraten, müssen wir sie mit dem Hammer zerschlagen. Wenn wir Glück haben, finden wir in ihrem Kern gut erhaltene Fossilien wie Ammonitenschalen oder Fischreste. Jetzt wird uns

Farbtafel I *Granite*

Bild 1 (links oben). Riesengebirgsgranit. Die Oberfläche des Gesteins ist geschliffen und poliert. Da die Hauptbestandteile mittel- bis grobkörnig auskristallisiert sind, lassen sich die Einzelminerale gut erkennen: Die lachsrosa gefärbte Komponente mit den milchig trüben Säumen ist Feldspat. Der Quarz erscheint etwas dunkler, und zwar bildet er die grauen, glasig durchscheinenden Partien. Die tiefschwarzen Körner bestehen aus dem dunklen Glimmer Biotit. Das Gefüge ist richtungslos, körnig.
Fundort: Riesengebirge. Geschliffene Platte der Fa. Reul, Kirchenlamitz

Bild 2 (links unten). Kösseinegranit aus dem Fichtelgebirge. Die Oberfläche ist geschliffen und poliert. Dieser Granit hat eine blaugraue Färbung, hervorgerufen durch die Feldspatkomponente.
Fundort: Kösseine im Fichtelgebirge. Geschliffene Platte der Fa. Reul, Kirchenlamitz

Bild 3 (rechts oben). Weißer Biotitgranit mit Topas. Gefüge: richtungslos, mittelkörnig. Am leichtesten ist der schwarze Biotit zu erkennen. Quarz und Feldspat sind beide sehr hell. Davon ist der Feldspat mehr weiß und der Quarz etwas dunkler und klar durchsichtig. Außerdem enthält das Gestein Topas, der sich mit bloßem Auge nicht ohne weiteres von Quarz unterscheiden läßt.
Fundort: Laajakosli, zwischen Karhula und Anjala, Südfinnland

Bild 4 (rechts Mitte). Roter Grimstadgranit. Gefüge: richtungslos, mittel- bis grobkörnig. Der kräftig fleischrote Kalifeldspat bestimmt das Aussehen dieses Gesteins. Auf der rechten Seite, etwas oberhalb von 1 bis 1,5 cm des Maßstabs ist eine glitzernde, ebene Spaltfläche des Feldspats zu erkennen. Bei den hellgrau bis milchig durchscheinenden Quarzkörnern sind die Bruchflächen unregelmäßig muschelig. Einzelne schwarze Körner bestehen aus Biotit.
Fundort: Straßenaufschluß an der E 18 östl. Grimstad, Südnorwegen

Bild 5 (rechts unten). Drammen-Porphyrgranit. Bei diesem Gestein ist das Gefüge bemerkenswert. In einer Grundmasse, die für sich allein einen feinkörnigen Granit darstellt, schwimmen große, gerundete Feldspatkristalle. Viele dieser porphyrischen Einsprenglinge besitzen einen zonaren Aufbau, der sich an helleren Kernen oder Säumen zu erkennen gibt.
Fundort: Steinbruch an der Straße E 18 westlich Drammen, Südnorwegen

klar, daß durch die Zersetzungsstoffe der eingebetteten Tierleichen die Ausfällung von Karbonaten ausgelöst wurde, die zur Geodenbildung an dieser Stelle führte. Manche Geoden sind im Inneren durch Schwundrisse zerteilt und werden *Septarien* genannt. In den Hohlräumen der Septarien haben sich oft Kristalldrusen mit verschiedenen Mineralen gebildet. **(Kalkspat, Siderit, Pyrit, Bleiglanz, Zinkblende** u. a.) Außer Geoden gibt es bevorzugt in Tongesteinen, aber auch in anderen Sedimentgesteinen, *Knollen aus* **Pyrit** oder **Markasit** (beide FeS_2). Es handelt sich ebenfalls um konkretionäre Bildungen. Die Erzminerale sind sehr schwer und hart und zeichnen sich durch ihren hellen, weiß bis gelblichen Glanz aus. Sonst ist ihre Eigenfarbe meist durch bunte Anlauffarben oder eine braune Verwitterungskruste verdeckt. Auf der Oberfläche der Knollen bilden die Kristalle freie Wachstumsflächen, so daß bei grober Ausbildung morgensternähnliche Gebilde entstehen. In diesem Zusammenhang sei darauf hingewiesen, daß die blauschwarze Färbung vieler Tongesteine auf feinverteiltem Pyrit beruht. An der Erdoberfläche verwittert der Pyrit. Dabei wird durch Oxidation Schwefelsäure produziert, die beim Zusammentreffen mit calciumhaltigen Lösungen Gipskristalle bildet. So läßt sich das Auftreten mehrerer cm-großer **Gips**kristalle erklären, die wir aus manchen Tonen auslesen können.

Irgendwie scheint sich der Tonstein darum herumzumogeln, das Aussehen eines typischen Sedimentgesteins anzunehmen, denn einerseits ähnelt er noch einem Lockergestein, wenn benachbarte Sandsteine längst verfestigt sind, andererseits wandelt er sich als erster in ein metamorphes Gestein um, wenn er gebirgsbildenden Kräften ausgesetzt wird, durch welche die benachbarten Gesteine nur verfaltet werden. Dann bildet er sich zu einem **Tonschiefer** (Abb. 26, Seite 47) um, der manchmal wie der Dachschiefer eine ausgezeichnete Teilbarkeit in dünne Tafeln besitzt. Darin äußert sich ein engständiges paralleles Scherflächensystem, die Schiefrigkeit, die in gesetzmäßigem Zusammenhang mit der Richtung der Faltungskräfte steht. Während des Vorgangs der *Druckschieferung* regeln sich die plättchenförmigen Tonminerale und Glimmer in die Schieferungsebene ein. Schieferung und Schichtung, letztere wird erkannt an Lagen mit verschiedenem Material, brauchen nicht übereinzustimmen. Bildet

Farbtafel II *Tiefengesteine und Ganggesteine*

Bild 1 (links oben). Granitpegmatit. Im unteren Bildteil ist das Gestein riesenkörnig ausgebildet. Der reichlich vorhandene Quarz ist sehr dunkel, rauchquarzartig. Von ihm umschlossene tiefschwarze Biotitplättchen sind kaum zu unterscheiden. Die großen, lachsrosa gefärbten Kristalle bestehen aus Kalifeldspat. Am oberen Bildrand ist der angrenzende feinerkörnige Granit zu erkennen.
Fundort: Steinbruch bei Vang, Bornholm

Bild 2 (links unten). Aplitgang. Quer durch das granitische Tiefengestein zieht sich ein schmaler, feinkörniger Aplitgang.
Fundort: Steinbruch bei Vang, Bornholm

Bild 3 (rechts oben). Syenit. Die Oberfläche ist geschliffen. Das Gestein besteht hauptsächlich aus kräftig rot gefärbtem Kalifeldspat, dessen Kristalle tafelig ausgebildet sind. Auf den Zwickeln sitzen grünliche Zersetzungsprodukte von ehemals vorhandener Hornblende.
Fundort: Sudan, Afrika. Geschliffene Platte der Fa. Reul, Kirchenlamitz

Bild 4 (rechts Mitte). Gabbro. Gefüge: richtungslos, mittelkörnig. Dieses Gestein wirkt insgesamt dunkel wegen des hohen Gehaltes an Pyroxen. Die helle Komponente ist Plagioklas.
Fundort: Steinbruch im Radautal bei Bad Harzburg, Harz

Bild 5 (rechts unten). Granodiorit. Gefüge: richtungslos, mittelkörnig. Das Gestein sieht granitähnlich aus, ist aber etwas dunkler grau.
Fundort: Sutula, Aufschluß an der Straße von Helsinki zum Flughafen, Finnland

Abb. 27. Konglomerat (Moelv-Konglomerat). In einer feinkörnigen, grauwackenähnlichen Grundmasse liegen große abgerundete Einschlüsse, die selbst wieder Gesteine oder Mineralbildungen verschiedenen Ursprungs sind. Links oben liegt ein Stück Granit. Weiß und hellgrau heben sich Quarz und Quarzitgerölle ab. Das längliche schwarze Gebilde auf der rechten Seite besteht aus Tonschiefer. Gerade an dieser Stelle zieht sich eine mit Quarz verheilte Kluft durchs Gestein, an der die Tonschieferscholle in sich etwas verschoben ist. Stratigraphische Stellung: Sparagmitserien im Eokambrium. Fundort: Straßenaufschluß südl. Bröttum auf der östlichen Seite des Mjösa-Sees, Norwegen

jedoch die theoretische Schieferungsebene mit der Schichtungsebene einen sehr spitzen Winkel, dann richtet sich die Schieferung nach der Schichtung. Manchmal kreuzen sich mehrere Schieferungssysteme, und es entstehen griffelförmige Spaltstücke *(Griffelschiefer)*.

Geologische Bedeutung von Konglomeraten

Als **Konglomerat** (Abb. 27) wird ein grobklastisches, diagenetisch verfestigtes Gestein bezeichnet, dessen Hauptbestandteile, die *Gerölle, abgerundet* sind. Wenn wir in einem Gebiet mit marinen Ablagerungen aus mehreren geologischen Zeitabschnitten die Art des Sediments parallel zur Zeitachse verfolgen, so fällt auf, daß häufig zu Beginn einer neuen Gesteinsfolge eine Konglomeratbank eingeschaltet ist (Abb. 28). Ihre Gerölle erweisen sich manchmal als Material der älteren Formationen in der Gesteinsausbildung desselben Sedimentationsraumes. Bei

① Sedimentation unter vollständiger Meeresüberdeckung

Meer

ältere Sedimentgesteinsfolge

52

den sogenannten Transgressionskonglomeraten läßt sich unterhalb der Konglomeratbank eine Sedimentationsunterbrechung feststellen, während der das Gebiet über den Meeresspiegel hinausgehoben war und seine oberen Teile der Abtragung zum Opfer fielen. Als das Meer in einer späteren *Transgressionsphase* das Land wieder überflutete, schob sich der Küstenstreifen mit seiner starken Brandung immer weiter landeinwärts vor und hinterließ direkt auf der alten Abtragungsfläche eine Lage aus groben Aufbereitungsrückständen. An einer bestimmten Stelle stellte sich nach Überschreiten des Meeressaumes eine immer küstenfernere Lage mit der für Meeresbecken typischen Sedimentation ein. Die mit dem *Basis-* oder *Transgressionskonglomerat* einsetzende neue Gesteinsserie bildet mit ihrer Schichtung meist einen Winkel zu derjenigen der inzwischen verstellten Gesteinsfolge des Untergrundes, deren Schichten durch die *Transgressionsfläche* gekappt sind und nun schräg gegen die Überdeckung stoßen. In diesem Falle wird von *diskordanter* Lagerung gesprochen.

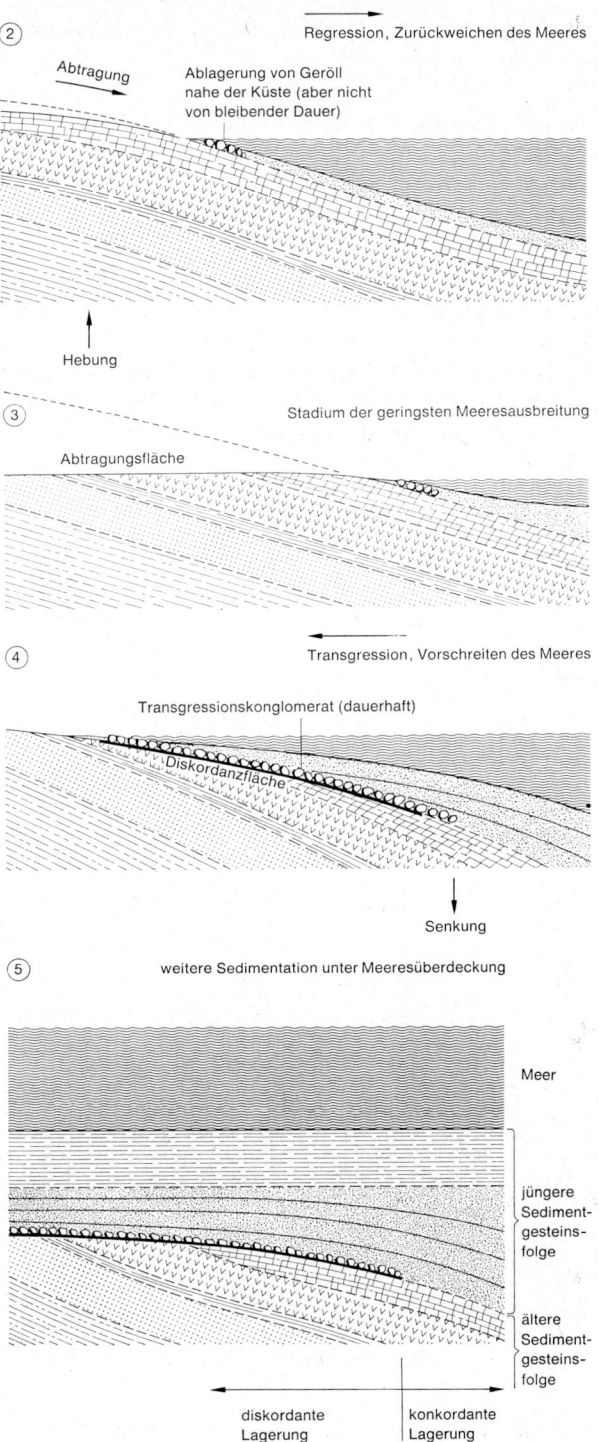

Abb. 28. Entwicklung des Lageverbandes von Sedimentgesteinen mit eingeschalteter Regression und Transgression des Meeres. Die Bildfolge beginnt links unten auf Seite 52.

② Regression, Zurückweichen des Meeres

Abtragung

Ablagerung von Geröll nahe der Küste (aber nicht von bleibender Dauer)

Hebung

③ Stadium der geringsten Meeresausbreitung

Abtragungsfläche

④ Transgression, Vorschreiten des Meeres

Transgressionskonglomerat (dauerhaft)

Diskordanzfläche

Senkung

⑤ weitere Sedimentation unter Meeresüberdeckung

Meer

jüngere Sedimentgesteinsfolge

ältere Sedimentgesteinsfolge

diskordante Lagerung | konkordante Lagerung

Beobachtungen an der Grauwacke, einem Sandgestein mit besonderen Bildungsbedingungen

Im Zusammenhang mit dem Granit erwähnten wir bereits die Vorgänge der Faltengebirgsbildung, die mit der Einsenkung eines Streifens der Erdkruste zu einer Geosynklinale beginnt. In ihr häufen sich Sedimente von gewaltiger Mächtigkeit an, die zuerst im Kern der Geosynklinale gefaltet werden. Diese inneren Teile können bereits herausgehoben und der Abtragung unterworfen sein, während noch der äußere Saum sich zu neuen Trögen einsenkt und das reichliche Angebot an Gebirgsschutt schluckt. Unter diesen Bedingungen, die gekennzeichnet sind durch schwache Verwitterung des Ausgangsmaterials, kurzen Transport mit mangelhafter Sortierung in einzelne Komponenten, mit schlechter Klassierung nach Korngrößen und geringer Abrundung der körnigen Bestandteile, bildeten sich sandsteinähnliche, aber viel unreinere Sedimentgesteine. Zu ihnen gehört der **Sparagmit** aus Norwegen, eine sehr mächtige Gesteinsserie an der Basis der kaledonischen Geosynklinale, entstanden an der Wende von Präkambrium zu Kambrium. Von den Gesteinen der varistischen Geosynklinale gehören zu diesem Typ die devonischen und unterkarbonischen **Grauwacken** des Harzes und des östlichen Rheinischen Schiefergebirges, sowie die **Arkosesandsteine** aus dem Oberkarbon des Ruhrgebietes. Innerhalb der alpidischen Geosynklinale weisen die **Flysch**sedimente Ähnlichkeiten hinsichtlich ihrer Entstehung auf.

Die Bezeichnungen Arkose und Grauwacke werden als allgemein verwendbare Gesteinsbegriffe benutzt, die etwa folgendermaßen definiert sind:

Arkose: hellgrauer bis rötlicher, *feldspatreicher Sandstein,* dessen Feldspäte zum Teil in

Abb. 29. Grauwacke. Die größeren hellen Einschlüsse sind Quarzkörner, die aus hydrothermalen Quarzgängen stammen; der schwarze Fleck stellt ein Gesteinsbruchstück aus Tonschiefer dar. Stratigraphische Stellung: Unterkarbon. Fundort: Steinbruch auf der linken Talseite der obersten Innerste, Harz

Abb. 30. Geometrie einer Falte

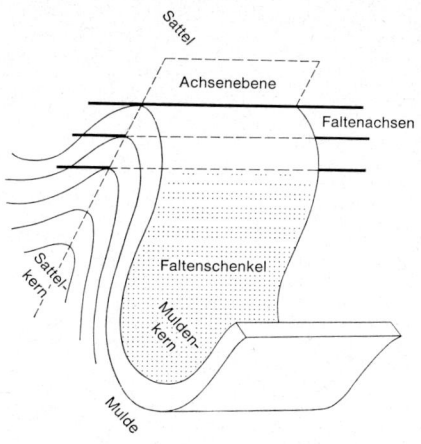

das Tonmineral Kaolinit zersetzt sind. Das Gestein riecht deshalb beim Anhauchen tonig. **Grauwacke** (Abb. 29): dunkler, häufig grün-grauer *Sandstein mit Feldspatkörnern und Gesteinsbruchstücken.* Er enthält als „Tonminerale" Glimmer und den grünen, eisenhaltigen Chlorit.

Sehr gut lassen sich die **Grauwacken** im Harz in einem der zahlreichen aufgelassenen Steinbrüche studieren. Übrigens wurde der Name Grauwacke zuerst von den Harzer Bergleuten gebraucht. Unsere Untersuchung der Lagerungsverhältnisse wird ergeben, daß mächtige, feste Gesteinsbänke aus grauem, körnigem Gestein, eben aus der Grauwacke, mit einzelnen geschieferten Tonsteinbänken abwechseln, und wahrscheinlich werden wir irgendwelche Verstellungen registrieren. Mit etwas Glück finden wir auch einmal eine Faltenumbiegung, einen Sattel oder eine Mulde aufgeschlossen, an denen wir uns den tektonischen Bauplan des gefalteten Gesteinskomplexes klarmachen können. Zur Beschreibung und Messung der *Geometrie einer Falte* (Abb. 30) werden folgende Begriffe benutzt: Die Linie entlang der stärksten Krümmung im Sattel einer Schicht, die etwa dem First eines Daches entsprechen würde, heißt *Sattelachse;* entsprechend gibt es eine *Muldenachse.* Beide können auch als *Faltenachsen* bezeichnet werden. Meist haben die Faltenachsen aller während einer Faltungsphase gebildeten Falten innerhalb eines Gebietes ungefähr die gleiche Streichrichtung. Bei unseren varistisch gefalteten Gesteinen ist es die sogenannte *varistische Richtung* (SW—NE). Typisch ist für die dazugehörigen Falten eine Neigung nach NW, das heißt, die nach NW fallende Sattelflanke ist steil oder überkippt, während die andere flach einfällt.

Nun wollen wir uns mit der Gesteinsstruktur der einzelnen Bänke beschäftigen und unser Augenmerk auf die Korngröße richten. An der Basis haben wir grobere Körner, aber immer gemischt mit Feinanteil zu erwarten, und wir können das Gestein als **konglomeratische Grauwacke** bezeichnen. Als Gerölle erkennen wir große milchigweiße Quarzgerölle aus Quarzgängen der damaligen Abtragungsgebiete, eventuell Gerölle kristalliner Gesteine und ganz häufig eckige Tonsteinbruchstücke. Daß der leicht zerstörbare Tonstein in der Geröllfraktion vorhanden ist, deutet auf einen kurzen Transportweg hin. Nach oben, zum Hangenden hin, sollte die Grauwacke immer feiner werden, und schließlich kann sie in Schluff-(Silt-)Stein oder Tonstein übergehen. Dieser Typ der Schichtung mit einsetzender grobklastischer Sedimentation, die immer feinkörniger wird, heißt *gradierte Schichtung.* Sie ist charakteristisch für Flyschsedimente und hängt mit der Entstehungsweise des Gesteins in tief eingesenkten Trögen zusammen. Zunächst wird das Material von Flüssen bis an den Rand der Einsenkung transportiert worden sein, wo es sich anhäufte, bis es schließlich untermeerisch ins Rutschen kam (Abb. 31, Seite 56). Dabei suspendierte es sich mit Wasser zu einem Schlammstrom, der grobes und feines Material mitriß. Seine größte Trans-

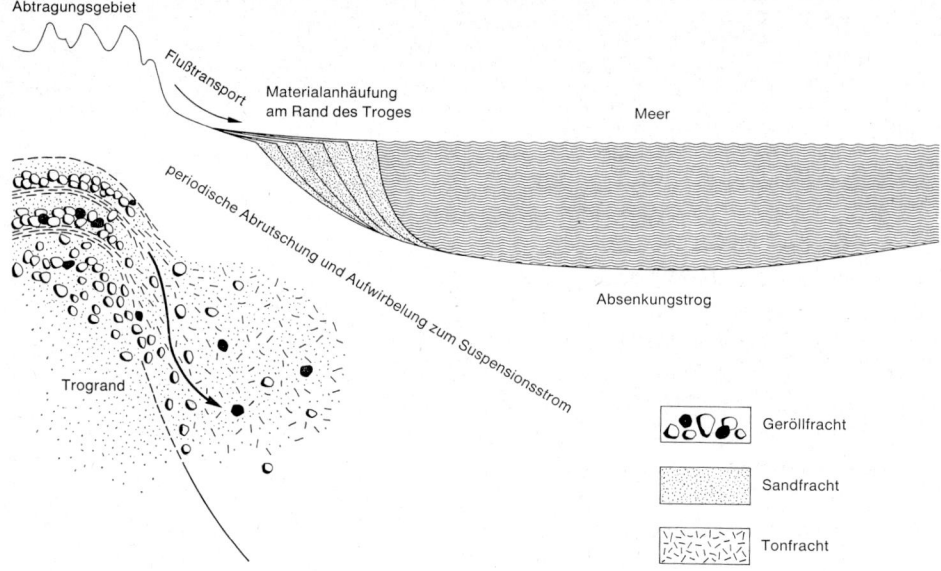

Abb. 31. Entstehung eines Suspensionsstromes

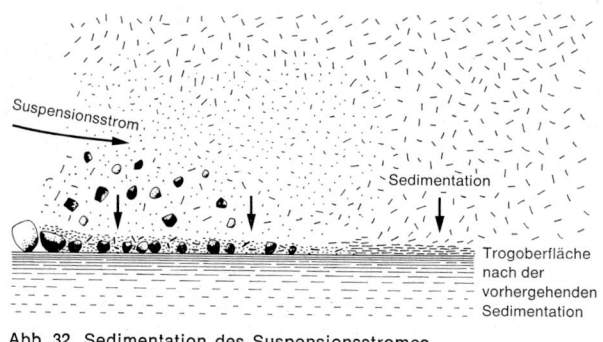

Abb. 32. Sedimentation des Suspensionsstromes

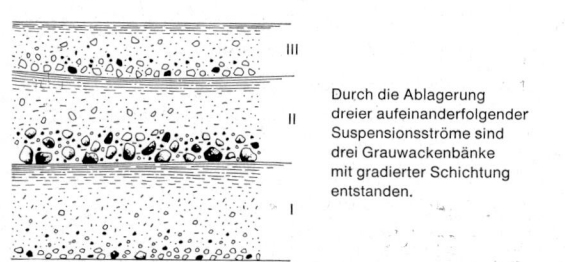

Durch die Ablagerung dreier aufeinanderfolgender Suspensionsströme sind drei Grauwackenbänke mit gradierter Schichtung entstanden.

Abb. 33. Gradierte Schichtung (allmähliche Abnahme der Korngröße zum Hangenden)

portkraft besaß er im vordersten Teil. Nach dem Erlahmen des Bewegungsvorganges blieb zunächst der Geröllanteil liegen, vermischt mit dem herabrieselnden Sand und Feinanteil. Während des Abklingens des *Suspensionsstromes* wurden zunehmend feinere Partikel herangeschafft und sedimentiert (Abb. 32). Als Ergebnis ist eine Bank mit gradierter Schichtung entstanden (Abb. 33).

Wie im Sandsteinaufschluß wollen wir in der Grauwacke nach besonderen Ausbildungsformen der Schichtflächen suchen. Es besteht die Wahrscheinlichkeit, daß wir auf den Schichtunterseiten der Grauwackenbänke sogenannte Marken finden, von denen zwei Typen äußerlich an Rippelmarken erinnern, obwohl sie ganz andere Ursachen haben. Zunächst gibt es taschenförmige Ausbuchtungen, die durch Einsinken des sandigen, schwereren Sediments in den darunterlagernden, wasserreicheren und deshalb leichteren Schlamm entstanden sind. Es handelt sich also um *Belastungsmarken (load casts),* die auch eine gerichtete Form haben können, wenn außerdem Rutschungen auftraten (Abb. 34).

Folgende Typen von Marken wurden durch den Suspensionsstrom auf der unterlagernden Schicht erzeugt und später vom darüberlagernden Sediment ausgefüllt. Die *Kolkmarken (flute casts)* erscheinen auf der Bankunterseite als langgestreckte

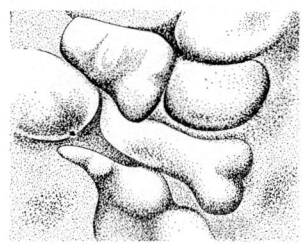

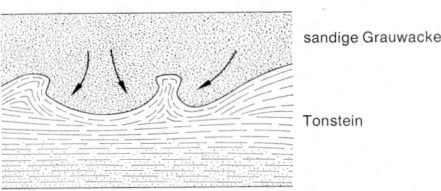

sandige Grauwacke

Tonstein

Abb. 34a. Erscheinungsbild von Belastungsmarken (load casts) (links)

Abb. 34b. Belastungsmarken im Querschnitt (oben)

ehemalige Strömungsrichtung

a

b

Abb. 35a. Erscheinungsbild von a) Kolkmarken (flute casts) und von b) Rillenmarken (groove casts) (links)

Abb. 35b. Kolkmarke im Querschnitt (unten)

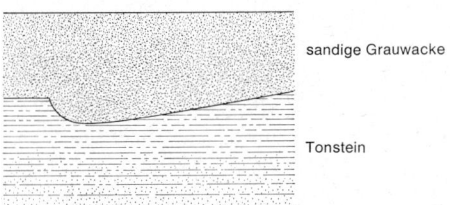

sandige Grauwacke

Tonstein

Buckel, die an einem Ende, das der ehemaligen Strömung zugekehrt ist, scharf einsetzen und nach der anderen Seite allmählich auslaufen. Sie werden in ihrer Entstehung als Auskolkungen durch Wirbel in der Strömung gedeutet. Mit ihnen vergesellschaftet sind häufig Ausgüsse von parallelen Riefen, *Rillenmarken (groove casts),* die von irgendwelchen gröberen, mit dem Suspensionsstrom am Boden entlangtransportierten Teilen erzeugt sein mögen (Abb. 35).

In klastischen Sedimentfolgen, die nahe dem Festland gebildet wurden, sind häufig *Pflanzenreste* zu finden. So begegnen uns in der Kulmgrauwacke des Unterkarbons Stammabschnitte von Riesenschachtelhalmen *(Calamiten)* und Lagen von Pflanzenhäcksel.

Bei der Beschäftigung mit der Kulmgrauwacke sollten wir uns ein weiteres, etwas älteres Gestein des Unterkarbons ansehen, das einen ganz eigenen Charakter besitzt. Gemeint ist der **Kieselschiefer,** ein hartes, splittriges Sedimentgestein von dunkler Farbe, das in etwa dezimeterdicken, stark geklüfteten Bänken vorliegt. Bei einigen Aufschlüssen im Harz sind diese in spitze Zickzackfalten gelegt. Stofflich besteht der Kieselschiefer aus reiner Kieselsäure, die ihm die große Härte verleiht. Ebensowenig wie Quarz können wir das Gestein ritzen. Beim Anschlagen bilden sich muschelige Bruchflächen. Meist ist der Kieselschiefer von feinen Kohlenstoffeinlagerungen schwarz gefärbt. Es treten aber auch hellere, graue, grüne oder rote Bänderungen auf (Farbtaf. IV, Bild 5). Häufig durchsetzen feine weiße Quarzgänge das Gestein kreuz und quer. Zur Unterscheidung von anderen schwarzen und harten Gesteinen, bei denen keine Einzelkörner zu erkennen sind, etwa dem Basalt, betrachten wir den Rand eines feinen Splitters, der beim Kieselschiefer durchscheinend ist.

Wie konnte sich dieses merkwürdige Gestein bilden, das aus feinkristalliner Kieselsäure besteht und eine Schichtung erkennen läßt? Als Lieferanten für die Kieselsäure werden die feinen Kieselskelette von einzelligen Planktonorganismen, den *Radiolarien,* angesehen, die sich in der Tiefsee der varistischen Geosynklinale als Schlamm absetzten. Durch diagenetische Verfestigung unter Umkristallisation wurde aus dem Radiolarienschlick der Kieselschiefer.

Wenn wir die Reise zum anstehenden Kieselschiefer scheuen, werden wir ihm dennoch häufig begegnen, und zwar in Flußkiesen, in denen er sich wegen seiner großen Widerstandskraft anreichert.

Vorkommen und Erscheinungsbild der Kalksteingebiete

Wenn wir uns nun mit dem „**Kalkstein**" beschäftigen, werden wir in einen Bereich der Gesteinswelt eintreten, in dem die verschiedensten geologischen Kräfte zusammenwirken. Um uns zunächst überhaupt etwas unter Kalkstein vorstellen zu können, definieren wir ihn als ein Gestein, das chemisch aus Calciumkarbonat besteht. Es wurde unter Oberflächenbedingungen der Erdkruste gebildet und hat eine Alterung und Verfestigung erlitten. Im Normalfall handelt es sich bei Kalkstein um ein marines Sedimentgestein.

Regional betrachtet wird das Bild einiger geologischer Formationen vom Kalkstein bestimmt, in denen er das Hauptablagerungsprodukt darstellt. In Deutschland wurden im außeralpinen Bereich die größten Kalkvorkommen während des Erdaltertums im *Devon* (z. B. in der Eifel und bei Bad Grund im Harz) und im *Zechstein,* dann vor allem während des Erdmittelalters im *unteren* und *oberen Muschelkalk,* im *oberen Jura,* dem Malm, (z. B. Schwäbische und Fränkische Alb) und in der *Oberkreide* (Kreidefelsen von Rügen) gebildet. Dazwischen lagen immer Zeiten mit toniger und sandiger Sedimentation. Dagegen erfolgte im Bereich der nördlichen Kalkalpen die Kalkbildung zusammenhängender durch das Erdmittelalter hindurch. Wenn wir die älteren Formationen überblicken, von denen die nächsten im baltischen Schild anstehen, so fallen die mächtigen Kalkvorkommen im *Silur* und *Ordovizium* ins Auge, aus denen z. B. die Inseln Gotland und Öland aufgebaut sind. In noch älteren Formationen wird jedoch die Kalkproduktion immer spärlicher, was wahrscheinlich mit großen geochemischen Entwicklungen der Atmosphäre und Lebewelt zusammenhängt. In der Erdurzeit, dem Archaikum, war der Kohlensäuregehalt der Luft, der kalklösend wirkt, möglicherweise so groß, daß das Meerwasser saurer reagierte und allen Kalk in Lösung hielt. Erst seit dem Beginn des Erdaltertums stellten sich dann mit zunehmender Entwicklung der Pflanzenwelt, die Kohlensäure bei ihrem Stoffwechsel assimiliert, allmählich die heutigen Kohlensäurekonzentrationen in der Luft und im Meer ein. Unter den neuen „normalen" Verhältnissen waren die Bedingungen für eine *Kalkabscheidung* in großen Mengen immer dort günstig, wo sich *Flachmeere* in einem *warmen Klimabereich* befanden.

In der Landschaft sind die Gebiete mit Kalkstein im Untergrund durch einige Besonderheiten ausgezeichnet. Zunächst erweist sich Kalkstein im Vergleich mit den häufig in seiner Nachbarschaft vorkommenden tonreichen Gesteinen als sehr fest gegenüber der Abtragung, so daß er *morphologische Höhen* bildet, die häufig steile Abbrüche besitzen.

Besonders typisch sind die Verwitterungsvorgänge und -formen des Kalksteins. Sie beruhen auf der leichten Löslichkeit seines hauptsächlichen Minerals **Calcit** = Kalkspat $CaCO_3$ in Wasser mit gelöster Kohlensäure aus der Luft. Unter Ausnutzung der natürlichen Schwächestellen im Gestein, wie den Klüften und Schichtfugen, werden durch Auslaugung unterirdische *Höhlensysteme* geschaffen. Zu diesen sogenannten *Karsterscheinungen* gehören auch charakteristische Lösungsformen an freiliegenden Gesteinsoberflächen, die durch Gruben und Rinnen mit scharfen Graten *(Karren)* skulpturiert werden. Diese oberflächlichen Erscheinungen, die naturgemäß immer nur ein geologisch geringes Alter haben und vergängliche Bildungen darstellen, lassen sich am besten an Felsküsten aus Kalkstein in den wärmeren Klimabereichen beobachten, wo die Lösung sehr intensiv vor sich geht. Wer eine Reise nach Nordspanien, Jugoslawien oder Ostafrika unternimmt, kann dort Stücke mit den bizarrsten Formen sammeln. Vom unterirdischen Karst läßt sich auch in Deutschland ein Eindruck bei der Besichtigung einer Tropfsteinhöhle gewinnen.

Die Bildung der *Kalksinterbeläge* an den Höhlenwänden und der zapfenartigen Tropfsteine beruht auf der leichten Löslichkeit und Wiederausscheidung des Calciumkarbonats. Auf dem Wege des Wassers auf engen Klüften, Haarrissen und Poren durchs Gestein bis aufs Höhlenniveau herab hat es sich durch Auflösung des Kalksteins mit den Lösungsbestandteilen des Calciumkarbonats angereichert. Wenn dieses Wasser in der Höhle austritt und teilweise verdunstet, tritt eine Übersättigung an Calciumcarbonat auf, das dann als festes Mineral auskristallisiert. Zur Bildung der *Tropfsteine* kommt es dadurch, daß die Feuchtigkeit an dem an der Decke hängenden *Stalaktiten* bis zu dessen Spitze herabläuft und dort einen Tropfen bildet, der immer größer wird, bis er abreißt und genau auf die Spitze des darunter auf dem Boden aufgewachsenen *Stalagmiten* fällt, an dessen kegelförmiger Oberseite er wieder abläuft. Da während des ganzen Vorganges etwas Wasser verdunstet, wachsen die Tropfsteine an ihrer gesamten benetzten Oberfläche, allerdings verschieden stark. Dadurch kommen die unterschiedlichen Formen der meist schlankeren Stalaktiten und der stumpferen, breiteren Stalagmiten zustande. Im Querschnitt besitzen die Tropfsteine meist einen konzentrischen Aufbau aus Ringen wie ein Baumstamm. Beim Auskristallisieren kann das Calciumcarbonat entweder das Mineral **Calcit** =

Kalkspat, $CaCO_3$, oder als eine zweite Modifikation das Mineral **Aragonit,** ebenfalls $CaCO_3$, mit unterschiedlichen kristallographischen Eigenschaften bilden. Vor allem aus wärmerem Wasser, z. B. aus heißen Quellen (oder als Kesselstein in Kochtöpfen), wird bevorzugt Aragonit ausgeschieden. Allerdings besitzt Aragonit das Bestreben, sich anschließend in Calcit umzuwandeln, der in der Natur unter Oberflächenbedingungen die stabile Modifikation darstellt.

Aus Quellwässern, die vorher einen Kalkgesteinskörper durchflossen haben, scheiden sich am Grunde manchmal große Mengen an *Kalksinter* ab, der sich in Krusten übereinanderlegt. Eingeschlossene Pflanzenteile verwesen und lassen Hohlräume zurück. Wegen seiner porösen Struktur wird der **Quellkalk** (Abb. 36) auch Quelltuff genannt. Der Name **Travertin** wird gern für Varietäten benutzt, die zu geschliffenen Platten verarbeitet werden. Besonders günstige Bedingungen für die Travertinbildung herrschen an den Quellen von „Säuerlingen" in manchen Vulkangebieten. Die aus vulkanischen Exhalationen stammende Kohlensäure verleiht dem Quellwasser zunächst eine bedeutende kalklösende Kraft, die an der Austrittsstelle schnell verlorengeht, wenn das gelöste CO_2 durch Erwärmung und Druckentlastung ausgetrieben wird.

Aus der leichten Versickerbarkeit des Wassers auf Klüften im Kalkstein und dem unterirdischen Abfluß im Karstsystem ergeben sich häufig besondere Schwierigkeiten für die *Wasserversorgung* in solchen Gebieten, wie z. B. auf der Schwäbischen Alb. Zum einen ist die *Wasserführung* sehr *unregelmäßig* und von den augenblicklichen Niederschlagsverhältnissen abhängig, wobei der Gesteinskörper keine regulierenden Speichereigenschaften besitzt, und außerdem wird das Wasser nirgends gefiltert, ist also in *hygienischer Hinsicht problematisch.* Das Wasser ist charakterisiert durch *große Wasserhärte,* insbesondere Karbonathärte. Damit wird die Menge gelöster Ca^{++}- und Mg^{++}-Ionen zusammen mit gelösten HCO_3^--Ionen bezeichnet.

Als weitere Eigenheit von Kalksteinvorkommen ist ein besonderer sich darauf in

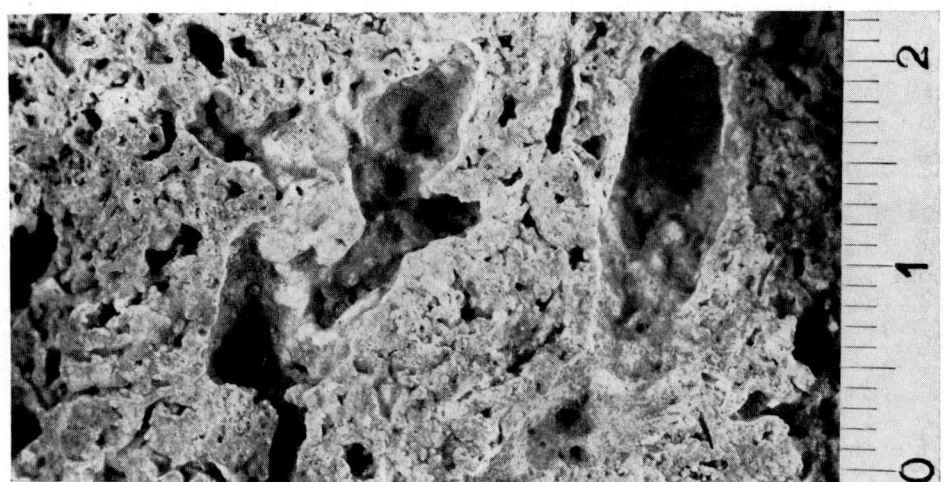

Abb. 36. Quellkalk. Die langen Röhren waren ursprünglich von Pflanzenstengeln ausgefüllt. Fundort: „Krater" bei Bad Nenndorf, Niedersachsen. (Bei dem „Krater" handelt es sich um einen Wall aus Quellkalk, der einen Quellsumpf umschließt.)

Mitteleuropa entwickelnder *Bodentyp* zu nennen, der *Rendzina* heißt. Sein typisches Bodenprofil sieht folgendermaßen aus. Ein geringmächtiger, stark humoser, steiniger Lehm liegt als oberer Bodenteil oder A-Horizont unmittelbar über dem Ausgangsgestein, dem C-Horizont. Bei der Lösungsverwitterung des Kalksteins an der Erdoberfläche blieb sein geringer Gehalt an Quarzsandkörnern, Eisenoxiden und Tonmineralen als Verwitterungsrückstand liegen und bildete den **Lehm.** So ist der Boden aus einer viel dickeren Lage an Ausgangsgestein entstanden. In dem meist noch etwas $CaCO_3$-haltigen A-Horizont finden Regenwürmer günstige Lebensbedingungen. Sie arbeiten den Boden gut durch, verleihen ihm durch ihre Kotausscheidungen Krümelstruktur und reichern ihn mit Humus an.

Schließlich sei erwähnt, daß die Vegetation in Kalkgebieten ein besonderes Gepräge besitzt mit typischen Pflanzengesellschaften, z. B. Trockenrasen und wärmeliebenden Wäldern. Für einige Pflanzenarten mit Verbreitungsschwerpunkt im mediterranen oder südosteuropäischen Bereich gilt, daß sie bei uns auf kalkhaltigen Untergrund beschränkt sind.

Wegen seiner wirtschaftlichen Bedeutung wird Kalkstein in großen Mengen abgebaut. In Kalkbrennöfen wird er für die Bauindustrie und zu Düngezwecken zu CaO (=gebrannter Kalk) gebrannt. Außerdem wird reiner Kalkstein bei der Raffination von Zucker benötigt. Neben diesen besonderen Verwendungszwecken liefert er, wie viele andere Gesteine, Schotter und Bausteine. Wegen seiner geringen Härte läßt er sich leicht zu Platten sägen, schleifen und polieren und besitzt gute Eigenschaften als Werkstein für bildhauerische Arbeiten, vorausgesetzt, daß er in ausreichend großen ungeklüfteten Blöcken gewinnbar ist.

Wie erkennen wir den Kalkstein? Welche Gesteine kommen mit ihm zusammen vor, und wie lassen sie sich auseinanderhalten?

Das wichtigste Hilfsmittel zur Bestimmung von **Kalkstein,** der ja im wesentlichen aus Calciumkarbonat besteht, ist unser Fläschchen mit verdünnter *Salzsäure.* Am besten eignet sich ein Spritzfläschchen aus Polyäthylen. Wenn wir auf die frische Bruchfläche eines Kalksteins ein paar Tropfen von der Salzsäure geben, deren Konzentration etwa 10% sein soll, so fängt die benetzte Stelle an zu brausen, da unter lebhafter Reaktion Kohlensäure entwickelt wird. Damit haben wir Calciumkarbonat nachgewiesen. Allerdings müssen wir nachprüfen, ob das Gestein gleichmäßig aufgelöst wird, das ganze Gestein also aus dem gleichen Material besteht, oder ob nur das Bindemittel zwischen andersartigen Körnern reagiert und aus Kalk besteht. Dabei hilft die Beobachtung der angeätzten Stelle mit der Lupe. Außerdem machen wir die *Ritzprobe* mit dem Stahlnagel, bei der sich Kalkstein leicht ritzen läßt.

Nehmen wir einmal an, bei einem Gestein, das mit Salzsäure heftig aufbraust, lassen sich anschließend mit der Lupe etwas hervortretende Körner erkennen, die selbst mit Salzsäure nicht reagieren. Wenn wir mit dem Stahlnagel die Härte dieser Körner prüfen, brechen sie meist aus dem Gestein, ohne selbst beschädigt zu werden. Vor allem aber geben sie ein charakteristisches kratzendes Geräusch. Damit haben wir die harten Quarzsandkörner des Gesteins identifiziert. Nach der Abschätzung des Mengenverhältnisses zwischen Quarzsand und Kalk können wir dem Gestein einen Namen geben. Stellen wir nur wenige Quarzkörner fest, so heißt das Gestein **quarzsandführen-**

der Kalkstein. Sind beide Komponenten Hauptbestandteile, ist der Gesteinsname **Kalksandstein.** Bleibt der Kalkanteil unter 25%, so handelt es sich um einen **Sandstein mit kalkigem Bindemittel oder mit Kalkkörnern.**

Häufig wechseln die Kalksteinbänke mit weicheren, meist dunkler gefärbten Schichten ab, die meist ein bröckeliges Aussehen haben. Angrenzende Bänke aus Kalkstein treten gegenüber diesem Gestein in der Aufschlußwand und im natürlichen morphologischen Relief deutlich hervor. Das heftige Aufbrausen mit verdünnter Salzsäure zeigt, daß das Gestein Calciumkarbonat enthält. An der Stelle, an der wir geprüft haben, bleibt ein weicher toniger Brei zurück. Dieses Gestein besteht also aus den beiden Hauptkomponenten Kalk und Ton und heißt **Mergelstein** (Abb. 50). Mächtige Mergelsteinvorkommen werden als Rohstoff für die Zementindustrie abgebaut.

Außer dem Calcit gibt es ein weiteres gesteinsbildendes Karbonat, den **Dolomit,** $CaMg(CO_3)_2$. Der aus ihm bestehende **Dolomitstein** kann eigene Gesteinsbänke bilden, oder er tritt mit unregelmäßiger Form in Gesteinskörpern aus Kalkstein auf, in denen eine spätere Dolomitisierung eingetreten ist. Wie der Kalkstein ist Dolomitstein leicht ritzbar. Bei gemeinsamem Vorkommen hebt er sich von diesem manchmal durch graue oder bräunliche Färbung und durch das etwas rauhe, stumpfe, körnige, oft leicht poröse Aussehen ab (Abb. 5). Zur Bestimmung des Dolomitsteins hilft uns wieder das Salzsäurefläschchen. Beim einfachen Benetzen einer frischen Fläche mit verdünnter Salzsäure bilden sich allenfalls einzelne Bläschen. Wenn wir anschließend daneben mit dem Stahlnagel oder der Spitze des Geologenhammers etwas Gesteinsmehl loskratzen und darauf einen Tropfen verdünnter Salzsäure geben, so braust es heftig auf.

Wie der Calcit kommt auch der Dolomit zusammen mit Quarzsand oder Ton vor in Gesteinen, die ganz entsprechend benannt werden, z. B. **Dolomitsandstein** und **Dolomitmergelstein.** Im Gegensatz zum Mergel braust der Dolomitmergel nicht mit kalter verdünnter Salzsäure, sondern nur mit heißer.

Durch unsere Bestimmung des Gesteinsnamens haben wir zunächst einmal Ordnung in die Fülle der uns begegnenden Gesteinstypen gebracht, ohne uns um die Entstehung der Gesteine zu kümmern. Wenn wir jetzt mit der Lupe die Stücke betrachten, die wir als Kalksteine erkannt haben, so können wir eine Fülle von Einzelheiten beobachten, aus denen wir eine Vorstellung vom Ursprung des Gesteins gewinnen.

Zunächst gibt es als einfachsten Grundtyp den **dichten Kalkstein,** der aus einer einheitlichen Grundmasse besteht, die so fein ist, daß die einzelnen Kristalle nicht als Körner erkannt werden können. Beim Zerschlagen zerspringt das Gestein meist splittrig, und es treten muschelige Bruchflächen auf. Dieser Gesteinstyp kann, abgesehen von der Mitwirkung von Organismen (z. B. Algen und Bakterien), als chemisches Sedimentgestein angesehen werden, das durch Ausfällung von feinsten Calciumkarbonatkristallen aus kalkübersättigtem Meerwasser und anschließende Verfestigung des abgesetzten *Kalkschlammes* entstand. Manchmal sind einzelne Fossilreste aus Kalk eingelagert, wie z. B. Muschelschalen, ohne daß sie mengenmäßig einen großen Anteil ausmachen. Bei gleichzeitiger Sedimentation von Ton bildet sich als Sediment Mergel, der zu **Mergelstein** altert. Anders als bei den folgenden Typen können wir bei den eben betrachteten Stillwasserbedingungen annehmen.

Herrscht nun während der Kalkausfällung Turbulenz im Wasser, durch die irgendwelche Körner vom Boden aufgewühlt und längere Zeit in Schwebe gehalten werden, so lagern sich die Kalkkriställchen an diese Kerne an und bilden eine Hülle, die so lange dicker wird, bis das Korn zu schwer wird und zu Boden sinkt. Wegen ihres fischrogenähnlichen Aussehens heißen die Körner *Ooide*. Als Kerne können z. B. Quarzsandkörner, Fossilbruchstücke und Gesteinstrümmer auftreten. Wenn die Ooide selbst wieder aufgewirbelt werden, können sie eine weitere Kalkschale ansetzen, und es entstehen mehrschalige Ooide. Vor der endgültigen Ablagerung können die Ooide von Strömungen am Boden verfrachtet und zu Ooidsandbänken aufgeschüttet werden. Jedenfalls braucht die Ooidbildung nicht am Orte der Anhäufung erfolgt sein. Das aus Kalk-Ooiden bestehende Gestein heißt **Ooidkalkstein** (Abb. 37) oder Oolith. Dieses Gestein tritt besonders auffällig während des oberen Juras Nordwestdeutschlands in mächtigen Gesteinsfolgen auf, so daß nach ihm ein stratigraphischer Abschnitt Korallenoolith genannt wird.

Wie bei anderen körnigen Gesteinen, z. B. beim Sandstein, müssen wir uns beim Ooidkalkstein fragen, womit der Raum zwischen den Körnern ausgefüllt ist. Da gibt es nun zwei grundverschiedene Möglichkeiten. Im einfachsten Falle wurden die Ooide zusammen mit Kalkschlamm sedimentiert, der eine Grundmasse wie beim dichten Kalkstein bildet. Wenn die Ooide allerdings durch Strömungen umgelagert werden, wird gleichzeitig vorhandener Kalkschlamm ausgewaschen. Zwischen den abgelagerten Ooiden ist nun ein freier Porenraum vorhanden, der während der Diagenese von glasigem, grobspätigem **Calcit** *als Zement* ausgefüllt wird. Da Transporterscheinungen durch Strömungen bei Ooidschüttungen eine große Rolle spielen, kann in Ooidkalksteinkörpern *Schrägschichtung* auftreten.

Beim dichten Kalkstein, dem Ooidkalkstein und auch bei den übrigen Sediment-

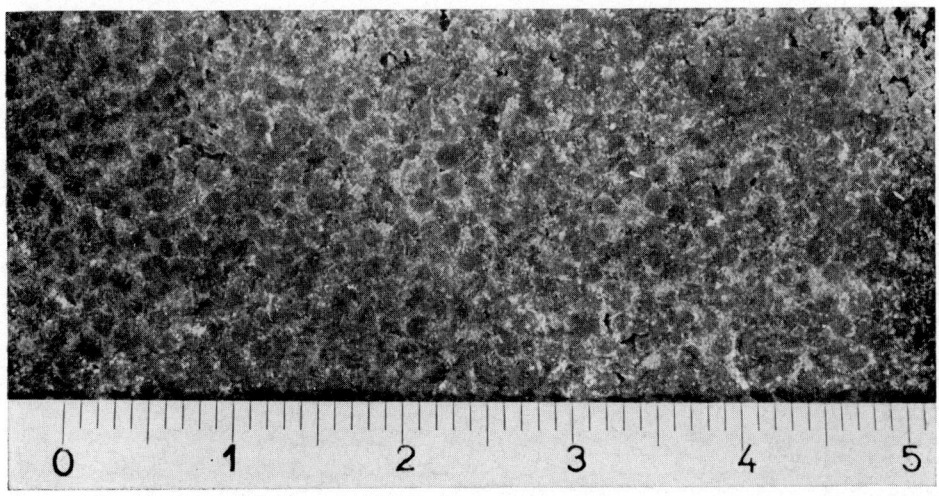

Abb. 37. Ooidkalkstein. Das Gestein ist durch oxidische Eisenverbindungen rot gefärbt und besitzt ein fischrogenähnliches Aussehen. Deshalb wird dieser Ooidkalkstein auch Rogenstein genannt. Stratigraphische Stellung: Unterer Buntsandstein. Fundort: Gebhardshagen, Niedersachsen

gesteinen wie Sandstein und Tonstein beobachten wir häufig Einschlüsse, die wir auf Grund ihrer äußeren Form als Reste von Organismen identifizieren. In einigen Fällen sind sie mehr oder weniger einzeln im Gestein eingebettet. Wenn das Lebewesen in der Nähe des Einbettungsortes gestorben ist und bald danach vom schützenden Sediment eingehüllt wurde, kann der erhaltungsfähige Fossilrest heil sein. Solche Versteinerungen sind das Ziel des Fossiliensammlers. Ihr wissenschaftlicher Wert liegt unter anderem darin, daß es sich bei einigen um Arten handelt, die ausschließlich während einer bestimmten Epoche der Erdgeschichte lebten und dabei weltweit verbreitet waren. Als *Leitfossilien* verraten sie uns das Alter des Gesteins, in dem wir sie finden. Andere Arten geben uns Aufschluß über die Lebensbedingungen, die in der näheren Umgebung herrschten. So stellen wir vielleicht gehäuft Tierarten fest, die Brackwasser liebten, während rein marine Lebewesen fehlen. Dadurch erhalten wir wertvolle Hinweise über die Beschaffenheit des Meeresteils, in dem das Gestein gebildet wurde.

Organismenreste können nun aber auch so gehäuft auftreten, daß sie eigene Gesteine aufbauen. Da von vielen Lebewesen gerade ihre kalkigen Hartteile übrigbleiben, kommt es durch Anreicherung dieser Schalen und Skelettreste zu einer eigenen Gruppe von Kalksteinen organischen Ursprungs, die wir als **Schillkalksteine** (Abb. 38) bezeichnen. Wenn es sich nicht gerade um koloniebildende Organismen handelt, mußte der Schill durch bewegtes Wasser zusammengeschwemmt werden. Dabei wurden die Schalen und Skelettteile häufig abgeschliffen oder zerbrochen. Ein übriges zu diesem Zerstörungswerk leisteten Lebewesen, die die Schalen zerknackten oder wie z. B. manche Algen, Schwämme und Muscheln durch zahlreiche Bohrgänge zermürbten. Deshalb werden wir häufig Schillkalksteine aus mehr oder weniger feinen

Abb. 38. Oolithischer Schillkalkstein mit Stacheln des Seeigels Cidaris florigemma. Stratigraphische Stellung: Mittlerer Korallenoolith. Fundort: bei Schacht Hansa am Langenberg bei Oker, nördl. Harzvorland

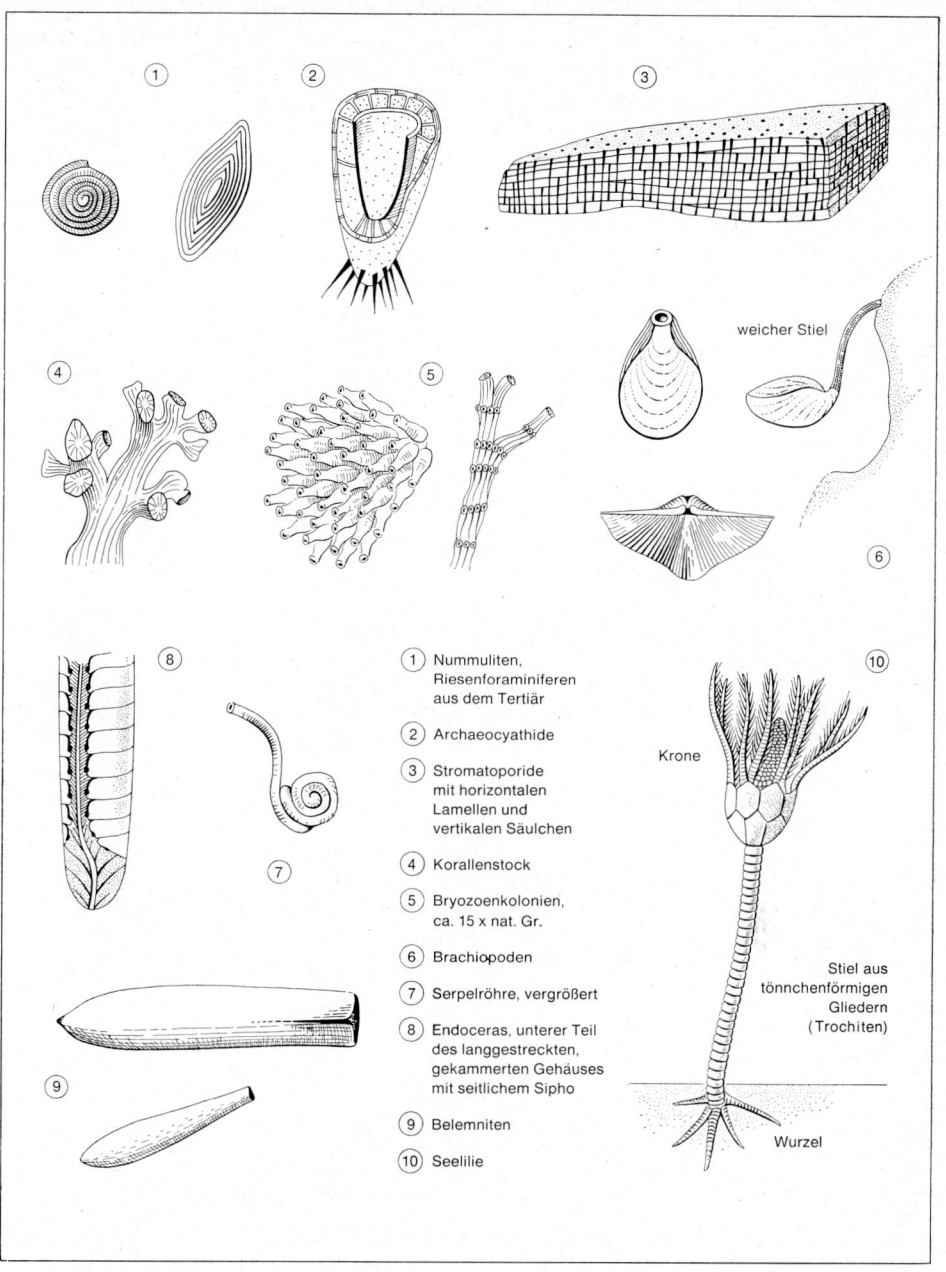

① Nummuliten, Riesenforaminiferen aus dem Tertiär

② Archaeocyathide

③ Stromatoporide mit horizontalen Lamellen und vertikalen Säulchen

④ Korallenstock

⑤ Bryozoenkolonien, ca. 15 x nat. Gr.

⑥ Brachiopoden

⑦ Serpelröhre, vergrößert

⑧ Endoceras, unterer Teil des langgestreckten, gekammerten Gehäuses mit seitlichem Sipho

⑨ Belemniten

⑩ Seelilie

weicher Stiel

Krone

Stiel aus tönnchenförmigen Gliedern (Trochiten)

Wurzel

Abb. 39. Einige kalkproduzierende Tierformen. (2 nach Müller, A. H., Lehrbuch der Paläozoologie; 4 nach Zittel, K. A. v.; 5 nach Voigt, E. und nach Bassler, R. S.; 6 nach Davidson, Th.; 8 z. T. nach Flower, R. H.; 10 nach Müller, A. H., Lehrbuch der Paläozoologie)

Trümmern und splittrigen Körnern antreffen, die manchmal den Ooidkalksteinen sehr ähnlich sein können. Bei Sedimentation im Brandungsbereich oder unter herrschender Strömung sind Schrägschichtung und spätiger Calcitzement typisch.

Welche Tier- und Pflanzenreste sind die wichtigsten Schillbildner (Abb. 39, Seite 65)? Zuerst denken wir an *Muschelschalen,* nach deren gesteinsbildendem Auftreten die geologische Formation des *Muschelkalks* ihren Namen erhielt. Mit den Muscheln verwandt sind folgende Tiergruppen, die ebenfalls kalkige Hartteile liefern: *Schnecken* mit spiralig aufgerollten, ungekammerten Gehäusen; *Ammoniten* mit spiraligen, gekammerten Gehäusen; *Nautiloiden,* die den Ammoniten sehr ähnlich sind, aber auch langgestreckte, konische Gehäuse ausbilden, wie die Endoceraten, die in großer Menge im ordovizischen *Orthocerenkalk* Mittelschwedens und Ölands vorkommen. Da dieses Gestein häufig zu Platten geschliffen wird, wird jeder Gesteinsfreund einmal diesen typischen Ge-

Abb. 40. Stück aus einer Brachiopoden-Kalksteinbank. Stratigraphische Stellung: Muschelkalk, Trias. Fundort: Steinbruch Vahlhausen auf dem Bellenberg bei Detmold, Lippe

Farbtafel III *Ergußgesteine*

Bild 1 (oben). Rhyolith (Felsitporphyr). Gefüge: dicht mit Fluidaltextur. Mit bloßem Auge ist das Fließgefüge an einer lagenartigen Bänderung mit hellen, blasigen Schlieren zu erkennen.
Fundort: Steinbruch an der Kanzel im Westerntal, Bad Sachsa, Südharz

Bild 2 (Mitte). Rhombenporphyr. Als Tiefengestein würde dem Rhombenporphyr ein Alkalisyenit entsprechen. Der Gesteinsname nimmt Bezug auf das porphyrische Gefüge und die rhombische Querschnittsform der Feldspateinsprenglinge. Dieses in der Gegend von Oslo verbreitete Gestein zeigt als Leitgeschiebe in den norddeutschen Eiszeitablagerungen Eisströme an, die aus dem Westen Skandinaviens kamen.
Fundort: Straßenaufschluß an der E 68 zwischen Oslo und Hönefoss, südl. Fjellstua, Norwegen

Bild 3 (links unten). Diabas. Typisch für Diabas ist eine grüne Färbung. Die hellen Flecke sind Blasenfüllungen aus Kalkspat, sogenannte Kalkspatmandeln.
Fundort: Steinbruch am Kehrzug, Harz

Bild 4 (rechts unten). Olivinbombe. Dieser vulkanische Auswürfling besteht aus einem grünen, körnig kristallinen Kern und einer schwarzen, basaltischen Schale. Die Minerale des Kerns, Pyroxen und Olivin, stammen wahrscheinlich aus dem oberen Erdmantel.
Fundort: Dreiser Weiher, Tuffgrube beim Forsthaus Dreis, Eifel

häusen, die oft angereichert in sogenannten Orthocerenschlachtfeldern vorkommen, begegnen;

Belemniten, sie gehören mit den Tintenfischen in eine Gruppe und enthielten in ihrer hinteren Körperspitze ein als „Donnerkeil" bekanntes Gebilde.

Nicht zu den eben besprochenen Mollusken gehören die *Brachiopoden* (Abb. 40, Seite 66), die innerhalb der Lebewelt früherer Zeiten eine sehr große Rolle gespielt haben. Sie können wegen ihrer beiden Schalen leicht mit Muscheln verwechselt werden. Abgesehen von der sehr verschiedenen inneren Organisation dieser Tiere, besitzen sie eine obere und eine untere Klappe im Gegensatz zu einer linken und einer rechten bei den Muscheln.

Große Mengen an Kalkresten lieferten auch einige Klassen aus dem Tierstamm der *Echinodermen (Stachelhäuter)*, deren Auftreten einen Hinweis für rein marines Milieu gibt, da sie keinen abweichenden Salzgehalt vertragen. Während Skelettreste von *Seeigeln*, besonders auffällig sind ihre Stacheln (Abb. 38), häufig als Komponente zusammen mit weiteren Schillbildnern, Ooiden und anderen körnigen Gesteinsbestandteilen vorkommen, bilden die Stielglieder (Trochiten) der Seelilien wahre Massenanhäufungen (Abb. 41, S. 70), die den Charakter des ganzen Gesteins prägen können. So beginnt der obere Muschelkalk in Deutschland nördlich der Alpen mit dem 10—25 m mächtigen *„Trochitenkalk"*.

Gewaltige Gesteinskörper wurden an Ort und Stelle von *Riffbildnern*, wie *Korallen* und verschiedenen Algen aufgebaut. In den älteren geologischen Zeiten spielten die Korallen dabei noch keine große Rolle, dagegen aber zum Teil ausgestorbene und uns ziemlich fremdartig erscheinende Tierformen, die zu den Hohltieren gehören, also mit den Korallen weitläufig verwandt sind. Im Kambrium waren es die *Archaeocyathiden*, die mit der Spitze am Meeresgrund aufgewachsene kalkige Hohlkegel mit porigen Doppelwänden darstellten. Im Silur und Devon waren die *Stromatoporen* Haupttriffbildner. Sie formten knollige Kolonien mit einem Gerüst aus feinen übereinanderliegenden Lamellen, die durch Säulchen abgestützt sind. So entsteht ein

Farbtafel IV *Sedimentgesteine und metamorphe Gesteine*

Bild 1 (links oben). Quarzit. Die Eigenschaften des Minerals Quarz haben sich auf das Gestein übertragen: muscheliger Bruch, fettiger Glanz und schwaches Durchscheinen des Lichtes. Daß das Gestein ursprünglich aus sedimentierten Quarzsandkörnern aufgebaut wurde, läßt sich aus einzelnen noch erkennbaren Körnern schließen. Die Bruchflächen des Gesteins gehen in typischer Weise durch die Quarzkörner hindurch.
Fundort: Kühtelyvaara, Finnland

Bild 2 (links unten). Neksö-Sandstein. Bei diesem Sandstein vom Typ der Rotsandsteine ist durch abwechselnd rotbraune und weiße Lagen die Schichtung gut zu erkennen. Am oberen Rand und im unteren Teil des Stückes sind Wellenrippeln quergeschnitten. Stratigraphische Stellung: Unterkambrium.
Fundort: Neksö, Bornholm

Bild 3 (rechts oben). Glimmerschiefer. Die im Bilde sichtbare, schiefrige Paralleltextur ist bei metamorphen Gesteinen so verbreitet, daß die ganze Gesteinsgruppe auch „kristalline Schiefer" genannt wird. Zwischen den weißen Quarzstreifen glitzern grünliche Bänder aus dem hellen Glimmer Muskovit.
Fundort: Bergschutt westl. von Saas-Grund, Schweiz

Bild 4 (rechts Mitte). Eklogit. Gefüge: richtungslos, mittelkörnig. Das Gestein besteht im wesentlichen aus grünem Pyroxen und rotem Granat.
Fundort: Weißenstein bei Stammbach, Oberfranken

Bild 5 (rechts unten). Kieselschiefer. Die abgebildete Varietät ist stark gebändert. Deutlich zu erkennen sind der splittrige Bruch und das dichte Korngefüge.
Fundort: Aufschluß am Hüttenteich, Lerbach, Harz

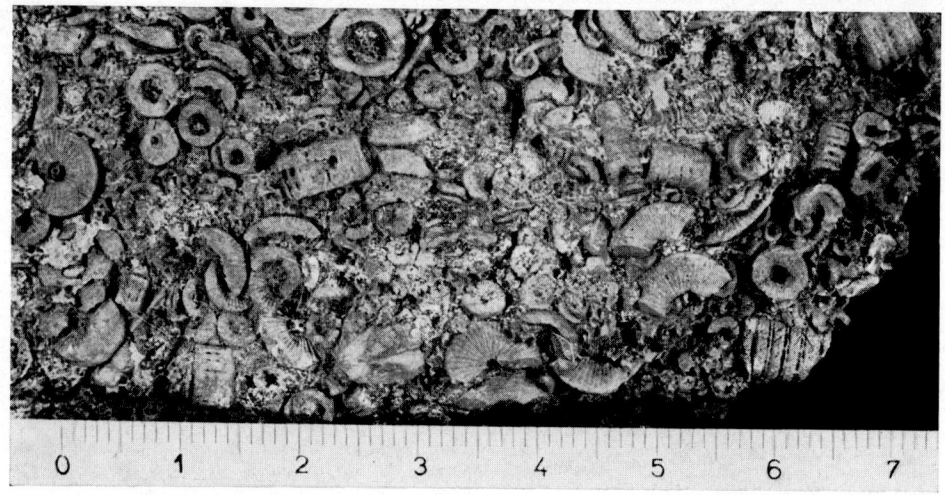

Abb. 41. Crinoiden-Schillkalkstein. Es sind Bruchstücke von Stielen der Seelilien (= Crinoiden) und einzelne fein strukturierte Stielglieder zu erkennen. Stratigraphische Stellung: Hundsdell-Schichten, Devon. Fundort: Antoniusbusch-Profil nördl. Rohr, bei Münstereifel

poröses Gebilde, das im Querschnitt viele kleine rechteckige Löcher erkennen läßt. Wie die Schalen der einzeln lebenden Organismen sind auch ganze Riffe der Zerstörung durch die Gewalt des Wassers und bohrende und beißende Lebewesen unterworfen, so daß von den Riffbildnern außerdem große Mengen an Schill bzw. *Riffschutt* gebildet werden, die charakteristische Sedimentgesteine ergeben.

Außer den genannten leben noch eine Reihe weiterer organischer Kalkproduzenten

Abb. 42. Serpelkalkstein. Stratigraphische Stellung: Malm. Fundort: Steinbruch am Speckenbrink, Deister bei Springe, Niedersachsen

im Wasser. Zwei Tiergruppen begegnen uns auf jeder Strandwanderung, wenn wir uns nur aufmerksam angeschwemmte Stücke der derben Braunalgen (Tange), Muscheln und Steine anschauen. Dann fällt uns ein Bewuchs von Krusten oder zarten Bäumchen auf. Mit der Lupe können wir viele kleine Kämmerchen erkennen, denn es handelt sich um Tierkolonien von *Bryozoen* (Moostierchen). Versteinert werden wir sie in Schillkalksteinen aus der Kreidezeit und jüngeren Formationen häufig wiederfinden. Neben den Bryozoen können wir meist am selben Substrat gewundene Kalkröhrchen entdecken, die von bestimmten Würmern, den *Serpeln,* als Wohnröhre ausgeschieden sind. Genauso wie auf der Muschelschale, die wir am Strand finden, sitzen sie auch an Fossilien. An der Grenze zwischen dem Jura und der Kreide Nordwestdeutschlands wurden sie zu reinen **Serpelkalksteinen** (Abb. 42) zusammengeschwemmt. Deshalb heißt dort eine lithostratigraphische Einheit *„Serpulit".*

Bei den Bryozoen haben wir schon die Lupe zu Hilfe nehmen müssen. Doch nicht einmal sie reicht aus, um zu zeigen, welche Organismen noch alle mit an der Schill-

Abb. 43. Onkoiddolomitstein. Die hellen, buchtigen Gebilde sind Onkoide. Sie liegen in einer Grundmasse aus Dolomit. Stratigraphische Stellung: Mittlerer Korallenoolith. Fundort: großer Bruch des Kalkwerks Oker auf dem Langenberg, nördl. Harzvorland

bildung beteiligt sind. Unter den Mikrofossilien sind in dieser Hinsicht hauptsächlich drei Gruppen wichtig: Erstens die *Ostracoden,* etwa stecknadelkopfgroße Krebschen, die wie die Muscheln zwei Klappen besitzen; zweitens die *Foraminiferen,* amöbenartige Einzeller mit einem meist gekammerten Gehäuse. Allerdings brachten die Foraminiferen während der geologischen Geschichte zweimal gut sichtbare Riesenformen hervor, die eigene Gesteine bildeten, im Karbon die spindelförmigen *Fusulinen,* im Tertiär die linsenförmigen *Nummuliten.*

Schließlich hinterließen verschiedene Gruppen von *Algen* gut strukturierte Gerüstteile ihrer Zellen und Sporen. Viele Algen bildeten Kalkkrusten, die uns wieder in

71

den makroskopischen Bereich führen. Wir hatten sie bereits als Riffbildner genannt. Die von ihnen erzeugten schichtigen, zu bis kopf- oder kissengroßen Kuppeln aufgewölbten Massen werden „Stromatolithe" genannt. Ein anderer Wuchstyp sind kleinere Knollen, die *Onkoide,* die wie riesige unregelmäßige Ooide aussehen und eigene Gesteinsbänke aus **Onkoidkalkstein** (Abb. 43, Seite 71) aufbauen können.

Nach den Organismen, die den Kalkstein aufbauen, sollten wir auch diejenigen erwähnen, die ihn zerstören oder in ihm auffällige Spuren hinterlassen. In einigen Kalksteinprofilen stoßen wir auf Horizonte, bei denen, von einer Schichtfläche ausgehend, zahlreiche Röhren senkrecht im Gestein liegen und von dem darüberliegenden Sediment ausgefüllt sind. Hierbei kann es sich um die Spuren von *Bohrmuscheln* handeln, die während einer Stillstandsphase der Sedimentation ihre Röhren in den Kalksteinuntergrund bohrten.

Andere Tiere lebten im Sediment, solange es unverfestigt war. Von ihrer Lebenstätigkeit zeugen die im Sedimentgestein konservierten *Wühl-* und *Freßgänge,* die meist einen wurmähnlichen Eindruck erwecken, obwohl es sich häufig gar nicht um Würmer handelt, sondern z. B. um Krebstiere.

Bisher hatten wir als Komponenten des Kalksteins kennengelernt: feinkristalline Grundmasse bzw. grobspätigen Zement zwischen Körnern, Ooiden und Schill. Dazu kommen nun noch als weitere körnige Bestandteile Kalkgerölle. Fast in jedem Kalkstein kommen Brocken aus Kalkstein vor von fast dem gleichen Typ wie er selbst. Das beruht auf der Besonderheit des Kalksedimentes, sehr schnell zu verfestigen, solange es noch an der Oberfläche des Meeresbodens liegt. Durch eine gelegentliche stärkere Strömung kann es jedoch wieder aufgearbeitet und umgelagert werden, wobei es im Gegensatz etwa zu einem abgelagerten Sand in einzelne Bruchstücke zerfällt.

Abb. 44. Kalkstein mit Stylolithen. Fundort: Pflasterstein vom Hof der Chemischen Institute der Techn. Univ. Hannover

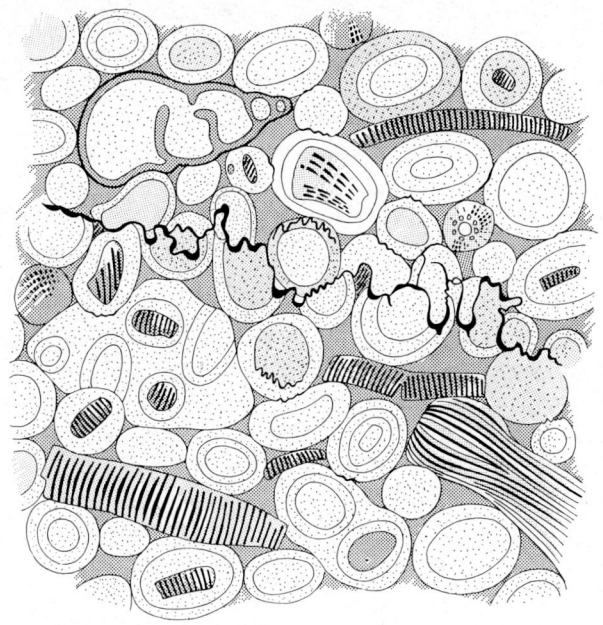

Abb. 45. Sutur in schillführendem Ooidkalkstein mit spätigem Calcitzement

Selbstverständlich gibt es auch echte **Konglomerate** und **Breccien** unter den Kalksteinen. Dabei handelt es sich um Trümmergesteine, die aus Gesteinsbruchstücken zusammengesetzt sind. Wenn zur Zeit der Sedimentation in der Nähe irgendwelche Gesteinskomplexe aus Kalkstein der Abtragung zum Opfer fallen, besteht eben das vorherrschende Geröllmaterial aus Kalkstein.

Nach dieser Übersicht über die Kalksteintypen wollen wir einige Veränderungen betrachten, die mit dem Alterungsprozeß des Kalksteins zusammenhängen. Typisch für den Kalkstein sind mäanderförmig gebogene Linien, *Suturen,* die auf Bruchflächen zu sehen sind und in Wirklichkeit die Schnittfiguren von feinen Kluftflächen darstellen, die durch viele zapfenartige Erhebungen und Vertiefungen *(Stylolithen)* geformt sind (Abb. 44, Seite 72). Ursprünglich waren diese Flächen eben. Diese Veränderungen sind durch unregelmäßige Lösungsvorgänge hervorgerufen, wenn gleichzeitig senkrecht zur Kluft Druck herrschte. Daß tatsächlich Material weggelöst ist, läßt sich sehr gut an vergrößerten Anschnitten von Ooidkalksteinen (Abb. 45) erkennen.

Da das in Kalksteinen zirkulierende Wasser genügend Gelegenheit hat, sich mit gelöstem Kalk zu beladen, kommt es andererseits auf offenen Klüften im Gestein häufig zur Übersättigung und Absonderung von Kalksinterbelägen und zur Ausbildung von schönen Calcitkristallen.

Wohl die wichtigste Veränderung des Kalksteins ist seine Umwandlung in **Dolomit,** $CaMg(CO_3)_2$, der nicht direkt aus dem Meerwasser auskristallisiert, sondern erst aus der Reaktion zwischen Calcit oder Aragonit mit magnesiumhaltigen Lösungen entsteht. Wenn sich die Mg-Konzentration des Meerwassers durch Eindunstung genügend erhöht hat, kann sich in warmen Flachmeeren schon der noch unverfestigte Kalkschlamm in Dolomit umwandeln; er tritt später in Form von schichtbeständigen Gesteinsbänken auf. Von diesem Typ sind z. B. die mächtigen Dolomitschichten, die im germanischen Zechsteinmeer innerhalb der Ausscheidungsfolgen leicht löslicher chemischer Sedimente gebildet wurden. Bei weiterer Konzentration des Meerwassers kristallisieren Gips und Anhydrit, anschließend Steinsalz und zuletzt Kalisalz.

Falls der Kalk nicht unter den genannten Sonderbedingungen im Frühstadium dolomitisiert wurde, kann das später immer noch geschehen, wenn er mit irgendwelchen das Gestein durchdringenden Lösungen in Berührung kommt. Diese Lösungen brauchen nur einen geringen Mg-Gehalt zu besitzen, da für die Umwandlung genügend lange Zeiträume zur Verfügung stehen. Die Form der durch späte Dolomitisierung gebildeten Gesteinskörper aus Dolomit ist häufig sehr unregelmäßig und richtet sich nach der Wegsamkeit für Lösungen im Ausgangsgestein.

Abgesehen von der Bildung reiner Dolomitgesteine läßt sich bei den meisten Kalksteinen eine teilweise Dolomitisierung feststellen, bei der vor allem die feinkristallinen Anteile unter Sprossung von Dolomitkristallen angegriffen wurden. Dazu konnte schon der Mg-Gehalt des vom Kalksediment eingeschlossenen Porenwassers führen, der sich durch die Reaktion aufbrauchte.

Mit dem Kalkstein im Zusammenhang steht eine diagenetische Bildung, die zwar als **Feuerstein** bekannt ist, aber kein eigentliches Gestein darstellt. Wenn wir Feuersteine zu Gesicht bekommen, stammen sie meist aus groben, eiszeitlichen Ablagerungen im norddeutschen Raum, also aus Grundmoränen oder von Flüssen umgelagerten Kiesen. Wir erkennen die bräunlichen oder dunkelgrauen Knollen, die wir meist schon als Bruchstücke finden, daran, daß sie beim Anschlagen in messerscharfe Splitter mit durchscheinendem Rand und muscheligem Bruch zerspringen. Da sie aus Kieselsäure bestehen, lassen sie sich mit dem Stahlnagel nicht ritzen und geben beim Aneinanderschlagen Funken. Früher wurde der Feuerstein tatsächlich zum Feuerschlagen benutzt. Außerdem war er in der Steinzeit ein wichtiges Ausgangsmaterial für Werkzeuge.

Auf den Gedanken, daß der Feuerstein aus einem Sedimentgestein stammen könnte, kommen wir, wenn wir ein Stück mit wunderbar vollkommenen Fossilien, z. B. Seeigeln, Belemniten, Muscheln und häufig Bryozoen finden. Aus dem Fossilbestand läßt sich schon die Zeit der Bildung bestimmen, und das Muttergestein verrät sich durch die häufig noch vorhandene weiße Kalkkruste der Feuersteine. Tatsächlich stammen

Abb. 46. Kalkstein mit Feuersteinknolle. Stratigraphische Stellung: Dan, Oberkreide. Fundort: Steinbruch in Limhamn bei Malmö, Südschweden

unsere Feuersteine aus Kalksteinen der Oberkreide von Dänemark und Südschweden, wo wir sie in Steinbrüchen als auffällige Lagen parallel zum Schichtverband aufgeschlossen finden (Abb. 46). Durch die Gletscher der Eiszeit wurde das anstehende Gestein abgetragen und vom Eis aufgenommen. Auf dem langen Transport nach Norddeutschland wurde der weiche Kalkstein zum großen Teil zerrieben, während die Feuersteine angereichert wurden. So kamen sie also zu uns. Wieso konnten sie sich aber im Kreidekalkstein bilden? Nach allem, was wir beobachten können, handelt es sich um Zusammenballungen von Kieselsäure während der Alterung des Kalksteins. Wahrscheinlich stammt die Kieselsäure hauptsächlich aus den feinen Skelettnadeln von Kieselschwämmen, die zu der Zeit häufig waren. Außer der Bildung von reinen Feuersteinen gibt es auch Verkieselungen von Kalkstein, die dann „Kieselkalk" genannt werden. Der Name Feuerstein ist den Bildungen der Oberkreide vorbehalten. Doch auch in anderen Formationen kommen sie vor und werden allgemein **Hornstein** genannt.

Lithostratigraphische Arbeiten im Kalksteinbruch

Zum systematischen Kennenlernen von Kalkgesteinstypen und damit zusammen vorkommenden Gesteinen suchen wir uns einen geeigneten Aufschluß, möglichst einen aufgelassenen Steinbruch, in dem wir ungestört arbeiten können. Wenn dieser lange außer Betrieb war, hat die Verwitterung sicher manche Strukturen des Gesteins plastisch hervortreten lassen, und häufig sind Fossilien wunderbar sauber herauspräpariert.

Beschäftigen wir uns zunächst mit einem geschichteten Kalkgesteinskomplex (Abb. 47, Seite 76).

Vor aller Detailarbeit müssen wir uns wieder im Aufschluß orientieren und mit den Lagerungsverhältnissen beschäftigen. Dazu messen wir mit dem Geologenkompaß *Einfallen* und *Streichen* der Schichten und überlegen, ob die einzelnen Gesteinsbänke ebene bzw. höchstens leicht verbogene Platten sind oder ob ein Faltenbau vorliegt. Außerdem müssen wir auf Verwerfungen und eventuelle diskordante Lagerungen achten. Wenn wir eine räumliche Vorstellung vom groben geologischen Bau des Aufschlußbereichs gewonnen haben, fassen wir alle Beobachtungen in einer *Aufschlußskizze* zusammen.

Unsere nächste Aufgabe besteht darin, ein *geologisches Profil* (Abb. 48, Seite 77) aufzunehmen. Dazu denken wir uns zunächst einmal alle auf die Sedimentation erfolgten späteren tektonischen Verstellungen rückgängig gemacht. Dann erhalten wir ein Schichtpaket — es kann durch Lücken unterbrochen sein —, bei dem die älteste Schicht zuunterst liegt. Aus dieser Schicht nehmen wir die erste Probe, dann gehen wir möglichst dicht daneben zur nächstjüngeren Schicht über. Im einfachsten Falle einer horizontalen Lagerung würde an einer Stelle des Steinbruchs, an der die mit der Probennahme verbundene Kletterei möglich ist, ein zusammenhängendes mehr oder weniger senkrecht an der Wand verlaufendes Profil genommen. Bei steiler Lagerung haben wir es viel leichter, da wir alle Schichten von der Steinbruchsohle aus erreichen können. Wenn Verwerfungen auftreten oder die Aufschlußwand schwer zugänglich ist, versuchen wir, mit möglichst wenigen Teilprofilen die gesamte Schichtfolge möglichst vollständig zu erfassen. Dabei besteht die Hauptschwierigkeit darin,

Abb. 47. (links). Aufgelassener Steinbruch (3. Bruch östl. der Straße Harlingerode - Göttingerode auf dem Langenberg bei Oker, nördl. Harzvorland). Hier wurde das petrographische Säulenprofil (Abb. 48) aufgenommen. Auf der linken Seite ist Norden, rechts Süden. Im Zusammenhang mit dem Aufsteigen der südlich angrenzenden Harzscholle wurden die Schichten des nördlichen Harzvorlandes aufgerichtet. An dieser Stelle sind die Kalksteinschichten des oberen Jura sogar über die senkrechte Lage hinaus nach Norden umgebogen worden, so daß sie nun steil überkippt sind. In der linken Ecke des Bruchs werden die weißen Kalksteinbänke des Jura durch eine Diskordanzfläche scharf abgeschnitten. Auf die Diskordanz folgen jüngere Schichten der Oberkreide aus graubraunem Kalksandstein (im Bild gepunktet). Sie wurden erst später von den tektonischen Bewegungen erfaßt, als die Juraschichtfolge schon etwas schräggestellt war, so daß die Kreideschichten nicht überkippt sind, sondern saiger stehen (Federzeichnung von Elsbeth Pape)

die Profilstücke richtig zusammenzufügen. Das gelingt durch markante Gesteinsbänke aus dem oberen Bereich des unteren Profils, die bis zum Anschlußprofil verfolgt werden können oder dort wiedergefunden werden. Wenn wir unsere Profile gelegt haben, tragen wir sie in die Aufschlußskizze ein.

Bei jedem Profil gehen wir nun so vor, daß wir die Gesteinsbänke und Zwischenlagen im Profilbereich nach Augenmaß ins Feldbuch einzeichnen. Alles, was uns sofort ins Auge fällt, wird gezeichnet, z. B. Schichtfugen zwischen den Bänken, Klüftigkeit, Schichtungsstreifung, Plattigkeit, Fleckigkeit. Auch der Helligkeitswert der einzelnen Bänke läßt sich zeichnerisch andeuten durch flüchtige Schummerung. Farbbezeichnungen werden neben die Bänke geschrieben. Wenn auch die genannten Beobachtungen für die Profilaufnahme meist ziemlich bedeutungslos sind, so erleichtern sie uns die Orientierung und helfen unserer Vorstellung entscheidend. In dieser *Profilskizze* tragen wir als wichtigste Daten die nun zu messenden *wahren Mächtigkeiten* der Bänke und die *Lage der durchnumerierten Probenpunkte* ein. Als wahre Mächtigkeit bezeichnen wir die kürzeste Entfernung zwischen Schichtober- und -unterfläche, die

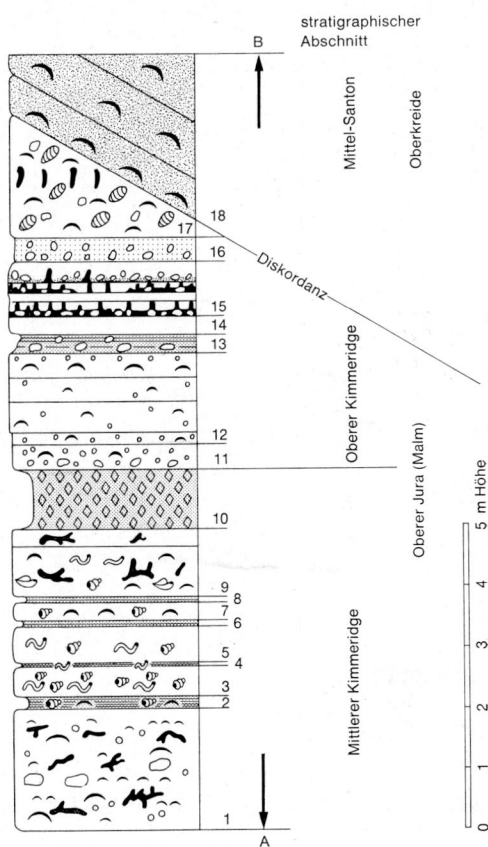

Abb. 48. Petrographisches Säulenprofil A—B (vgl. Tabelle 3, S. 78). Lokalität: Langenberg bei Oker (nördl. Harzvorland), 3. Bruch östl. der Straße Harlingerode - Göttingerode

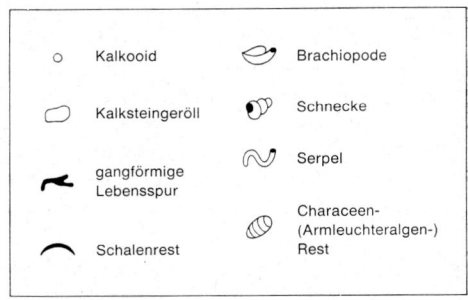

o	Kalkooid	⌒	Brachiopode
	Kalksteingeröll		Schnecke
	gangförmige Lebensspur	⌒	Serpel
⌒	Schalenrest		Characeen- (Armleuchteralgen-) Rest

senkrecht zur Schichtung gemessen wird. Für den Abstand der Probepunkte gilt, daß nach jedem Wechsel des Gesteinstyps in Profilrichtung eine neue Probe genommen werden soll. Bei allmählichen Übergängen und in Profilabschnitten mit etwa gleichbleibendem Gestein werden mehrere Probepunkte in Abständen von 0,3 m bis 1 m festgelegt.

Zu den Untersuchungen an den Probestücken wird eine *Roh-Liste* nach der Reihenfolge der *Proben* angelegt. Hinter jeder Probennummer folgt eine genaue Beschreibung des Gesteinstyps, die sich aus unseren Beobachtungen mit einer *Lupe* und den Proben mit einem *Stahlnagel* und *verdünnter Salzsäure* ergibt. Das zusammenfassende Ergebnis wird durch einen ausführlichen Gesteinsnamen ausgedrückt.

Nun noch zum Ziel unserer Bemühungen: In der fertigen Roh-Liste können die Abschnitte, die zu übereinanderstehenden Proben mit gleichem Gesteinsnamen gehören, als lithologische Einheiten ausgeschieden werden. Diese Einheiten bilden übereinander ein *geologisches Säulenprofil,* das listenförmig als Schichtenverzeichnis (s. Tab. III) ausgeschrieben werden kann und graphisch mit den wahren Mächtigkeiten der lithologischen Einheiten und Signaturen für den Gesteinstyp dargestellt wird. Anhand eines Säulenprofils lassen sich geologische Entwicklungen zu den Zeiten der Sedimentation der Gesteine erkennen. Durch die übersichtliche Darstellung kommt mit einem Mal Leben in das aufgeschlossene Gesteinspaket, und es wird zu einem Buch mit Blättern. Unsere gefundenen lithologischen Einheiten stellen einzelne Abschnitte im Text dar. In besonderen Fällen können wir rhythmische Wiederholungen und zyklische Abfolgen erkennen, die das Thema vom Vordringen und Zurückweichen des Meeres variieren oder klimatische Veränderungen widerspiegeln.

Tab. III *Schichtenverzeichnis des Profils* A—B, Abb. 48
Lokalität: Langenberg bei Oker (nördl. Harzvorland), 3. Bruch östl. der Straße Harlingerode—Göttingerode

Schicht Nr.	Höhe über Profil- unter- kante in m	Mächtig- keit in m	
			Liegendes
1	0	2,00	**Kalkstein** mit Feinschill und groben Schalenresten, Feingerölle aus Kalkstein und Ooide führend, durchsetzt von verzweigten Lebensspurgängen, die mit Feinschillkalkstein ausgefüllt sind
2	2,00	0,20	gelbgrünlicher, dolomitischer **Mergelstein** mit kleinen Schnecken und Muschelschalen
3	2,20	0,50	rötlicher **Kalkstein** mit Serpelröhren und zahlreichen, wenige mm großen Schneckensteinkernen
4	2,70	0,05	bräunlicher, dolomitischer **Mergelstein** mit Serpelröhren, plattig
5	2,75	0,60	rötlicher **Kalkstein** mit Serpelröhren und zahlreichen, wenige mm großen Schneckensteinkernen
6	3,35	0,10	bräunlicher, dolomitischer **Mergelstein,** plattig
7	3,45	0,30	weißer **Kalkstein,** etwas Schill führend, mit größeren Schneckensteinkernen

78

Schicht Nr.	Höhe über Profil- unter- kante in m	Mächtig- keit in m	
8	3,75	0,10	bräunlicher, dolomitischer **Mergelstein**
9	3,85	1,10	weißer **Kalkstein,** Großschill führend mit Brachiopoden-, Muschel- und Schneckenresten, Serpelröhren und Lebensspur- gängen, die mit grauem Feinschillkalkstein ausgefüllt sind
10	4,95	1,00	gelbbrauner, verlehmter **Dolomitstein**

Mittlerer Kimmeridge

Oberer Kimmeridge

11	5,95	0,40	rötlicher **Ooidkalkstein,** etwas Schill führend, lagenweise mit Feingeröllen aus Kalkstein
12	6,35	1,50	heller, teilweise rötlicher **Kalkstein,** Schill und Ooide füh- rend
13	7,85	0,30	grauer, mergeliger **Kalkstein,** konglomeratisch mit etwa zen- timergroßen Kalksteingeröllen
14	8,15	0,30	weißer **Kalkstein**
15	8,45	0,90	**Kalkstein** in Bänken, die an der Basis grau und konglomera- tisch mit Kalksteingeröllen und im oberen Teil weiß und dicht sind. Zahlreiche Lebensspurgänge erstrecken sich vom konglomeratischen Bereich zapfenartig in den überwiegend dichten Kalkstein. Sie sind mit dem grauen Material des Basisteils gefüllt. Wahrscheinlich handelt es sich um Bohr- muschellöcher.
16	9,35	0,40	grauer, dolomitischer **Kalkstein,** konglomeratisch mit Kalk- steingeröllen
17	9,75	bis zur Diskor- danz als Keil aufge- schlos- sen	weißer **Kalkstein,** reich an Characeenresten (Armleuchter- algen), mit Schill und Feingeröllen aus Kalkstein. Der obere Bankteil wird von zapfenartigen Lebensspurgängen durch- setzt, deren Ausfüllung dolomitisch ist.

Oberer Kimmeridge (Oberer Jura)

Mittel-Santon (Oberkreide)

18	nur an der Basis aufgeschlossen		graubrauner, grobkörniger **Sandstein** mit kalkigem Binde- mittel, Schalenreste führend

Hangendes

Eigenschaften der chemischen Sedimentgesteine Gips- und Anhydritgestein

Bei einer Konzentrierung des Meerwassers durch Eindampfung, stärker als zur Bil- dung der Karbonate Calcit und Dolomit nötig ist, aber vor der Ausfällung von Steinsalz, kommt es zur Ausscheidung von Calciumsulfat, normalerweise mit Kristall- wasser als **Gips** $CaSO_4 \cdot 2H_2O$. Kurz vor der NaCl-Fällung kristallisiert auch primärer **Anhydrit** $CaSO_4$ aus. Die Bedingungen zur Ablagerung von Gipsgesteinen treten während der Erdgeschichte mehrmals ein, und zwar häufig in Meeresbecken mit etwas eingeengter Verbindung zum Weltmeer. Besonders mächtig sind in Deutschland die Gips- und Anhydritfolgen aus dem Zechstein, die in einzigartiger Weise im südlichen Harzvorland zutage treten und zur Herstellung von gebranntem Gips abgebaut werden.

In den Gipsbrüchen kommen meist sowohl Gipsstein als auch Anhydritstein vor, und zwar der Gips mehr in Oberflächennähe. Das hängt damit zusammen, daß sich die beiden Minerale sehr leicht ineinander umwandeln. Durch die Auflagerung von jüngeren Sedimenten gerät der primär gebildete Gips in Zonen der Erdkruste mit höherem Druck und höherer Temperatur. Darauf reagiert er mit einer Umwandlung in Anhydrit, der unter diesen Bedingungen stabiler ist. Wenn später die Anhydrit-

Abb. 49. Gekrösegips. Stratigraphische Stellung: Werraserie im Zechstein. Fundort: Steinbruch Rode in Walkenried, Südharz

schichten durch Hebungsvorgänge und Abtragung der auflagernden Schichten wie im Südharzvorland freigelegt werden, nehmen sie im Einflußbereich oberflächennaher Wässer H_2O auf und bilden sich in Gips zurück. Das ist mit einer Volumenvergrößerung verbunden, die an der Erdoberfläche zur Aufwölbung der obersten Gipslage zu hohlen Buckeln führt, den sogenannten *Zwergenlöchern*. Innerhalb des Gesteins schaffen die Quellungsvorgänge manchmal abenteuerliche Verfältelungen (*Gekrösegips*, Abb. 49).

Wie lassen sich nun **Gips und Anhydrit** diagnostizieren? Beide sind sehr *weich* und lassen sich mit dem Stahlnagel leicht ritzen. Im Gegensatz zu Calcit und Dolomit *braust auch das Pulver nicht* mit kalter verdünnter Salzsäure. Die Farbe ist meist weiß, beim Anhydrit etwas glasig, doch es kommen auch rote und schwarze Gips- und Anhydritgesteine vor, die aber beim Ritzen ein weißes Pulver ergeben. Vom Anhydrit läßt sich der **Gips** durch seine noch geringere Härte unterscheiden, denn er läßt sich sogar *mit dem Fingernagel ritzen,* der Anhydrit dagegen nicht.

Bei den Anhydritgesteinen lassen sich einige primäre Gefüge beobachten, die mit den Besonderheiten des Ablagerungsraumes innerhalb des Meeresbeckens zusammenhängen. Während des Zechsteins bildeten sich im Flachwasser des Küsten- oder Schwellenbereichs besonders mächtige, weiße, **massige Anhydrite** mit unregelmäßig verteilten karbonatischen Verunreinigungen. Davon deutlich unterschieden sind die geringmächtigeren Anhydrite des Beckeninneren, die aus vielen, etwa 1 mm dicken Anhydritlagen, abwechselnd mit feinen dunklen Dolomitlinien, bestehen. Dieses *Warvengefüge* wird als Jahresschichtung erklärt.

Nach der Körnigkeit lassen sich beim Gipsstein folgende Typen unterscheiden:

1. **Feinkörniger Gips:** Mit bloßem Auge sind einzelne Körner nur schwer oder überhaupt nicht erkennbar.

Abb. 50. Fasergips im Mergelstein. Fundort: Steinbruch Volgersbruch in Lüneburg, Niedersachsen

2. **Alabaster-Gips:** Dieser Typ besitzt ein zuckerkörniges Aussehen.

3. **Selenitischer Gips:** Als Selenit oder Mondstein werden größere klare Gipskristalle bezeichnet. Beim selenitischen Gips besteht das Gestein aus mm bis mehrere cm großen Gipskristallen in der Ausbildung von Schwalbenschwanzzwillingen, die senkrecht zur Schichtebene orientiert sind.

Die Gipsgesteine besitzen eine viel größere Löslichkeit als Kalkstein. Deshalb gibt es in Gipsgebieten Karsterscheinungen mit ausgedehnten *Höhlensystemen*. Dort, wo das Höhlendach seine Tragfähigkeit verliert, bilden sich typische Einsturztrichter, *Dolinen*. Bei der näheren Betrachtung der Gipsbrocken, die im Steinbruch herumliegen, können wir winzige Karren beobachten, das sind scharfe Grate, die zwischen den Lösungsfurchen des abfließenden Regenwassers stehenbleiben. Auf Klüften haben sich manchmal besonders große reine Gipskristalle aus zirkulierenden Lösungen ausgeschieden. Sie lassen sich leicht in Tafeln aufspalten und werden im Volksmund *Marienglas* genannt.

Außer den mächtigen reinen Gipsablagerungen gibt es auch dünne Zwischenlagen in anderen Gesteinen. Solche Schichten können aus zahlreichen, feinen, senkrecht stehenden Säulchen bestehen, so daß von **Fasergips** (Abb. 50) gesprochen wird. Eine ganz ähnliche Bildung kommt auch beim Kalkstein vor.

Wegen der leichten Löslichkeit von Gips und Anhydrit bleiben von ihren Einschaltungen in anderen Gesteinen, z. B. in Dolomitstein, häufig nur Reste *(Gipsresiduen)* oder Hohlräume zurück.

Die Entstehung neuer Gesteine durch Metamorphose

Als wir uns fragten, wo Granite anzutreffen wären, hatten wir uns überlegt, daß sie dann zutage treten, wenn größere Schollen, wie der Harz etwa, oder Krustenteile, z. B. ganz Skandinavien, gehoben sind und bis auf den tieferen Untergrund abgetragen wurden. Wir hatten festgestellt, daß die Granitplutone in den gefalteten Suprakrustalgesteinen ehemaliger Geosynklinalen liegen. Im Harz und Rheinischen Schiefergebirge können wir die während der varistischen Gebirgsbildung gefalteten Gesteine, vorwiegend Tonschiefer und Grauwacken, in ziemlich frischem Zustand als kaum veränderte Sedimentgesteine vorfinden. Nur im Kontaktbereich von Tiefengesteinen wurden sie meist in Hornfels umgewandelt.

Wenn jedoch die Teile des Faltengebirges aufgeschlossen sind, die etwas tiefer gelegen und die gebirgsbildenden Vorgänge bei höherer Temperatur und hohen Drücken viel intensiver miterlebt haben, dann beobachten wir einen ganz neuen Typ von Gesteinen, die *Metamorphite* oder Umwandlungsgesteine genannt werden. Zu ihnen gehören als wichtigste Gruppe die Gneise. Da sie meist ein streifiges oder *schiefriges Gefüge* besitzen, werden sie auch *kristalline Schiefer* genannt. Aus dem Materialwechsel sind bei manchen metamorphen Gesteinsserien die ehemalige Schichtung sowie Faltenbildungen erkennbar. Wir können die Metamorphite im Schwarzwald, im kristallinen Vor-Spessart, in der Münchberger Gneismasse, im Bayerischen und Böhmerwald sowie in den Zentralalpen sammeln. Da der Untergrund Skandinaviens zum großen Teil aus metamorphen Serien besteht, finden wir die verschiedensten Gesteinstypen unter den Eiszeitgeschieben Norddeutschlands.

Zur Unterscheidung von der Kontaktmetamorphose wird die Umwandlung, die durch Gebirgsbildungen hervorgerufen wird, *Regionalmetamorphose* genannt, da sie größere Gebiete umfaßt. Die Vorgänge spielen sich meist bei Temperaturen zwischen 350° und 650 °C ab. Theoretisch kommen Lagen zwischen 5 und 50 km Tiefe in Frage. Doch werden vermutlich die unteren Bereiche nur in den seltensten Fällen erreicht sein.

Bei dem beträchtlichen Spielraum hinsichtlich Temperatur und Druck ergeben sich verschieden starke Grade der Metamorphose, die sich z. B. gliedern lassen in *epizonale, mesozonale* und *katazonale* Umwandlung. Wesentliche Einzelvorgänge der Metamorphose bestehen darin, daß die vorhandenen Minerale neu kristallisieren oder sich in andere Minerale umwandeln, die unter den herrschenden Druck- und Temperaturbedingungen stabiler sind. Verschiedene Ausgangsgesteine, ganz gleich ob es sich um sedimentäre, magmatische oder bereits metamorphe Gesteine handelt, können bei gleicher chemischer Zusammensetzung das gleiche metamorphe Gestein ergeben. Metamorphite, die aus Magmatiten hervorgegangen sind, werden *Orthogneise*, diejenigen aus Sedimentgesteinen *Paragneise* genannt.

Das Ergebnis der Metamorphose gestaltet sich bei reinen Quarz- und reinen Kalkgesteinen besonders einfach, da sich keine Unterschiede zwischen Kontaktmetamorphose und den verschiedenen Stufen der Regionalmetamorphose ergeben.

Aus einem Quarzsandstein wird z. B. immer ein **Quarzit.** Ein Erkennungsmerkmal für Quarzit ist seine große Härte. Mit dem Stahlnagel läßt er sich nicht ritzen. Beim Anschlagen mit dem Hammer bricht er muschelig, und bei der Betrachtung mit der Lupe zeigt sich, daß die Bruchfläche durch die einzelnen Körner hindurchgeht (Farbt. IV, Bild 1).

Reiner Kalkstein wandelt sich in **Marmor** (Abb. 51) um, der ebenfalls aus Calcit besteht und mit Salzsäure braust, aber ein körnig kristallines Korngefüge besitzt. Sämtliche Komponenten des Kalksteins, die wir dort unterschieden haben, einschließlich der Fossilien, sind der Umkristallisation zum Opfer gefallen. Entsprechend ergibt Dolomitstein den **Dolomitmarmor.**

Da die Geosynklinaltröge zum großen Teil von grauwackenähnlichen Gesteinen ausgefüllt werden, ergeben sich durch deren Metamorphose bereits die wichtigsten Typen der kristallinen Schiefer.

Abb. 51. Marmor. Das Korngefüge aus mittelgroßen Kalkspatkristallen ist zu erkennen. Fundort: Wunsiedel, Fichtelgebirge

In der Epizone entsteht ein **Phyllit** (Abb. 52). Wir erkennen ihn an seinen seidenglänzenden Schieferungsflächen. Sie sind mit feinen **„Serizitschüppchen"** bedeckt, die dort neu entstanden sind.

Im Gegensatz zum äußerst feinkörnigen Phyllit besitzt der in der Mesozone gebildete **Glimmerschiefer** ein gröber kristallines, schiefriges Aussehen (Farbtaf. IV, Bild 3). Das Gestein läßt sich ebenfalls in Platten spalten. Sein Gefüge ist gekennzeichnet durch flache Quarzlinsen, die mit blättrigen Lagen von groben, hellen Glimmerplättchen abwechseln. Diese Art von Glimmer können wir vom dunklen Glimmer (Biotit) des Granits durch seine helle, manchmal silbrigweiße Farbe unterscheiden.

Abb. 52. Phyllit mit Hornblendegarben. In dem feinkörnigen, grauen Gestein, das mit seinen Glimmer-schüppchen etwas glitzert, ist dunkle Hornblende gesproßt. Die langen, stengeligen Hornblendekristalle bilden korngarbenähnliche Aggregate. Fundort: Aufschluß westl. Otta an der Straße nach Lom, Norwegen

Im übrigen läßt er sich genauso leicht mit dem Stahlnagel aufblättern. Es ist der **Muskovit** $KAl_2[(OH)_2 \mid AlSi_3O_{10}]$, dessen feinschuppige Abart wir als Serizit beim Phyllit kennengelernt haben.

Das Endglied in der Metamorphosereihe der Tongesteine ist meso- oder katazonal gebildeter **Gneis** (Abb. 53, Seite 85). In diesem Falle handelt es sich um Paragneis

Abb. 53. Gneis. Die dunklen Minerale, vorwiegend Biotit, sind streifig angeordnet. Sie umfließen ein-zelne große, helle Einsprenglinge aus Kalifeldspat, die während der Metamorphose bei geeigneter Orientierung im Wachstum bevorzugt gefördert worden sind. Fundort: Aufschluß an der Straße E 18 östl. Feda, zwischen Flekkefjord und Kvinesdal, Südnorwegen

im Gegensatz zum Orthogneis, der z. B. aus einem Granit hervorgegangen sein kann und dann ein ganz ähnliches Aussehen besitzt. Im Gneis können wir die gleichen Hauptkomponenten wie im Granit, nämlich Kalifeldspat, Quarz und dunklen Glimmer (Biotit) feststellen. Sie bilden ein ähnlich kristallin körniges Gestein, das sich aber wesentlich durch sein parallelstreifiges Gefüge, die sogenannte „gneisartige" Textur unterscheidet.

Wenn der Gneis große ovale Feldspateinsprenglinge enthält, wird er **Augengneis** genannt.

In einigen Glimmerschiefern und Gneisen fallen als Mineralneubildungen rote Granatkristalle auf, deren Kristallflächen sauber ausgebildet sind. Derartige Gesteine heißen **Granatglimmerschiefer** bzw. **Granatgneis.**

War das Ausgangsgestein ein toniger Sandstein, so macht sich in den gebildeten Metamorphiten ein höherer Quarzgehalt bemerkbar, der sich bei den epi- und mesozonalen Gesteinen in größerer Härte und schlechter oder fehlender Ritzbarkeit, vor allem im Bereich von Quarzbändern und -linsen zeigt. Nach der Feinschuppigkeit oder gröberen Ausbildung der Glimmer lassen sich **Quarzitphyllit** und **Quarzitglimmerschiefer** unterscheiden.

Bei der Probe mit verdünnter Salzsäure kann ein Gestein vom Aussehen eines Phyllits oder Glimmerschiefers stark aufbrausen. Es ergibt sich die Bezeichnung **Kalkphyllit** oder **Kalkglimmerschiefer.** Diese Gesteine sind aus kalkreichen Mergeln entstanden.

Bisher haben wir uns noch nicht überlegt, was aus den dunklen, kieselsäurearmen magmatischen Gesteinen, z. B. Gabbro, Basalt, Diabas, entstehen mag. Von den Sedimentgesteinen würden diesen stofflich tonreiche Mergel entsprechen. Zu diesen Ausgangsgesteinen sind einige sehr bemerkenswerte Metamorphite zu stellen.

Zunächst bilden sich in der Epizone grüngefärbte, feinschuppige Gesteine, die so bezeichnend für den Metamorphosegrad sind, der etwa der Epizone entspricht, daß

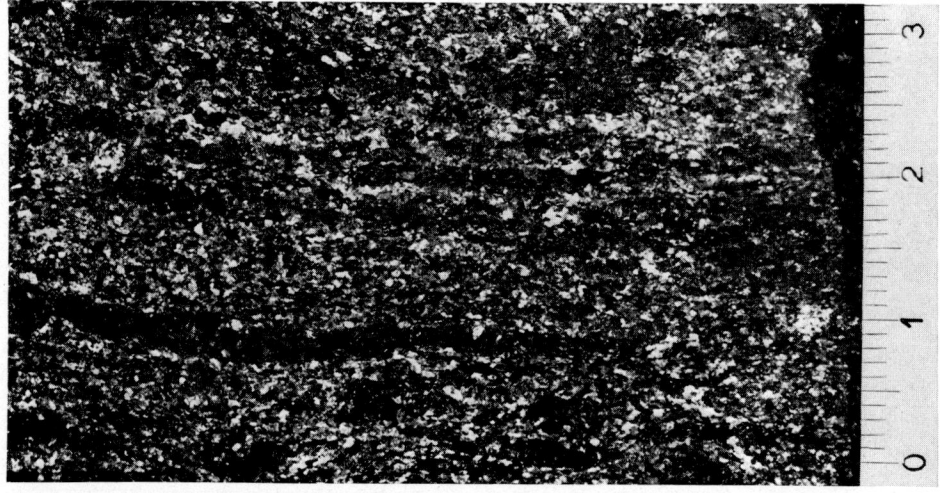

Abb. 54. Amphibolit. Fundort: Eira bei Helsinki, Finnland

Abb. 55. Gefalteter Bändergneis. Helle und dunkle Minerale haben sich in parallelen Bändern gesondert. Dann ist das Gestein fein gefaltet worden. Bei einer späteren tektonischen Beanspruchung bildeten sich Klüfte aus. In einem Teil der Gesteinsplatte können die Verwerfungsbeträge der Klüfte an der Versetzung der Bänderung abgelesen werden. Fundort: Straßenaufschluß in Hjölmodalen am Hellefjell bei Eidefjord (Hardanger-Gebiet), Norwegen

von einer *Grünschieferfazies* (Fazies = Gesteinsausbildung) gesprochen wird. Sie stellt das Ergebnis der Metamorphose in einem bestimmten Bereich der Temperatur-Druck-Bedingungen dar. Die grünfärbenden Minerale sind eisenhaltige Silikate, z. B. der glimmerähnliche **Chlorit** $Mg_3(OH)_6(Mg, Fe, Al)_3[(OH)_2 \mid (Al, Si)_4O_{10}]$ und der pistaziengrüne **Epidot** $Ca_2(Fe^{3+}, Al)Al_2[O \mid OH \mid SiO_4 \mid Si_2O_7]$. Aufgrund ihres Gehalts an Chlorit oder Epidot lassen sich manche **Grünschiefer** näher kennzeichnen als **Chloritschiefer** oder **Epidotschiefer.** Bei stärkerer Metamorphose, etwa in der Meso- und Katazone, entstehen hornblendereiche Gesteine, **Amphibolite** oder **Hornblendeglimmerschiefer.** Nach dem Amphibolit ist die *Amphibolitfazies* benannt, die sich in Richtung höherer Temperaturen an die Grünschieferfazies anschließt. Die Hornblende (Amphibol) erkennen wir daran, daß sie schwarz oder grünlichschwarz aussieht, mit dem Stahlnagel schwer ritzbar ist und häufig stengelige Kristalle ausbildet. Der Amphibolit (Abb. 54) ist normalerweise ganz schwarz. Besonders ästhetisch erscheinen die Typen mit roten Granatkristallen, die wir **Granatamphibolit** nennen.

Unter sehr hohen Drücken gehen die Gesteine der gabbroiden Reihe über in ein kristallines Gestein, bestehend aus grünem Pyroxen und rotem Granat. Wegen seines richtungslos körnigen Gefüges sieht es gar nicht wie ein kristalliner Schiefer aus. Sein Name Eklogit will besagen, daß das Gestein so schön ist, daß wir es suchen sollen (Farbtaf. IV, Bild 4). Wir können es z. B. innerhalb der Münchberger Gneismasse finden. Die Bildungsbedingungen für Eklogit herrschen im Bereich der sogenannten *Eklogitfazies.* Ihre obere Grenze stimmt mit der Grenze zwischen Erdkruste und Erdmantel überein.

Mit der Eklogitfazies sind wir am Ende der Metamorphose in Richtung der Druck-

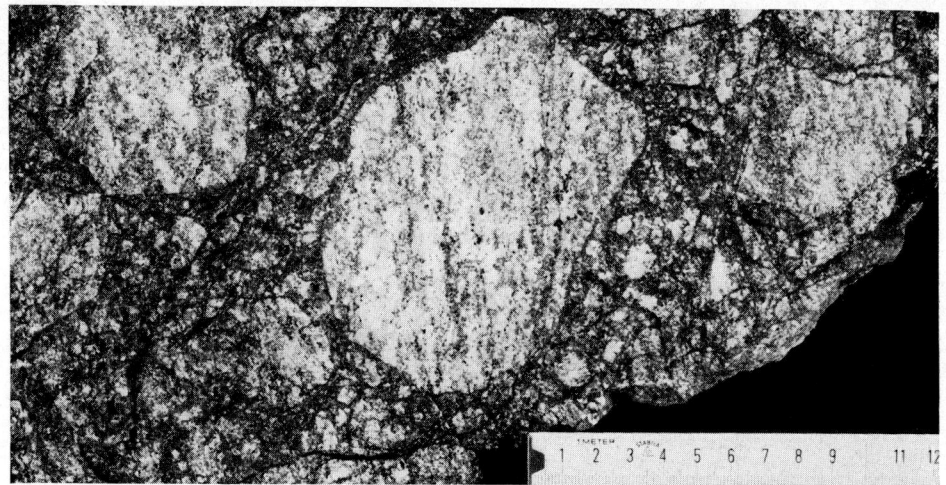

Abb. 56. Breccie aus Gneis. In demselben Gneiskomplex, zu dem der gefaltete Bändergneis (Abb. 55) gehört, wurden einzelne Zonen durch tektonische Bewegungen vollständig in eckige Stücke der verschiedensten Größen zerbrochen. Bei den größeren Bruchstücken ist die streifige Gneisstruktur des Ausgangsgesteins noch zu erkennen. In der feinkörnigen Zwischenmasse wurden selbst Einzelkristalle des vorher vorhandenen Gneises zermahlen. Fundort: wie bei Abb. 55

zunahme angelangt. Nach der Seite niedriger Drücke und Temperaturen schließt sich der Bereich der Metamorphose an die Diagenese an. Es bleibt nur noch zu betrachten, was passiert, wenn die Temperaturen bei geringeren Drücken, als in der Eklogitfazies herrschen, immer höher ansteigen. Dann wird einmal der Punkt erreicht, an dem das Gestein aufschmilzt und ein Magma bildet. Damit hat sich ein Kreislauf geschlossen, der mit den magmatischen Gesteinen begonnen hatte und dort wieder einmündet. Bevor eine vollständige Aufschmelzung bei etwa 750 °C erreicht ist, bilden sich Mischtypen zwischen metamorphen und magmatischen Gesteinen, die **Migmatite,** die auf teilweiser Aufschmelzung und Kristallsprossung beruhen. Aus dem vorhandenen Metamorphit schwitzen die kieselsäurereichen Komponenten zu einer Schmelze aus, die im Ausgangsgestein und seiner Umgebung zu granitähnlichen Bändern und Gängen auskristallisiert. Diese Gesteine sind z. B. in manchen Gegenden Skandinaviens recht häufig und ergeben so abwechslungsreiche Bilder, daß sie uns an Straßenaufschlüssen schon beim Vorbeifahren auffallen.

Da die Regionalmetamorphose und Migmatisierung in engem Zusammenhang mit Gebirgsbildungen stehen (s. Abb. 3b, Seite 13), erlitten die Gesteine dieses Milieus eine intensive Prägung durch mechanische Kräfte. So entstanden neben den stofflichen Besonderheiten bei den Metamorphiten und Migmatiten die verschiedenartigsten Gefüge wie die erwähnte Schieferung, Faltung und Verwerfung (Abb. 55). Der tektonische Einfluß kann darüber hinaus bis zu einer vollständigen Durchbewegung oder Zerstückelung des Gesteins führen (Abb. 56). Beim Anblick derartiger natürlicher „Graphiken" gerät der Sammler leicht in einen inneren Konflikt; denn einerseits reizt es ihn, das Bildwerk zu bergen, andererseits ist es als Sammlungsobjekt meist viel zu groß und schwer. Die beiden Platten der Abbildungen 55 und 56 stammen aus einem Gneisgebiet in Norwegen, in dem sich Migmatite bildeten.

Tab. IV: *Stratigraphische Übersicht*

Zeitalter nach der Tierwelt	Formation (Alter in Mill. Jahren nach HOLMES-Symposium 1964)	Abteilung	Tektonische Ära
Känozoikum	Quartär	Holozän Pleistozän	alpidische Gebirgsbildung
Känozoikum	— (1,5—2) —		alpidische Gebirgsbildung
Känozoikum	Tertiär	Jungtertiär Alttertiär	alpidische Gebirgsbildung
Mesozoikum	— (65) —		alpidische Gebirgsbildung
Mesozoikum	Kreide	Oberkreide Unterkreide	alpidische Gebirgsbildung
Mesozoikum	— (136) —		alpidische Gebirgsbildung
Mesozoikum	Jura	Malm Dogger Lias	alpidische Gebirgsbildung
Mesozoikum	— (190—195) —		alpidische Gebirgsbildung
Mesozoikum	Trias	Keuper Muschelkalk Buntsandstein	alpidische Gebirgsbildung
Paläozoikum	— (225) —		varistische Gebirgsbildung
Paläozoikum	Perm	Zechstein Rotliegendes	varistische Gebirgsbildung
Paläozoikum	— (280) —		varistische Gebirgsbildung
Paläozoikum	Karbon	Oberkarbon Unterkarbon	varistische Gebirgsbildung
Paläozoikum	— (345) —		varistische Gebirgsbildung
Paläozoikum	Devon	Oberdevon Mitteldevon Unterdevon	varistische Gebirgsbildung
Paläozoikum	— (395) —		kaledonische Gebirgsbildung
Paläozoikum	Silur (Gotlandium)		kaledonische Gebirgsbildung
Paläozoikum	— (430—440) —		kaledonische Gebirgsbildung
Paläozoikum	Ordovizium		kaledonische Gebirgsbildung
Paläozoikum	— (500) —		kaledonische Gebirgsbildung
Paläozoikum	Kambrium	Oberkambrium Mittelkambrium Unterkambrium	kaledonische Gebirgsbildung
Proterozoikum	— (570) —		mehrere präkambrische Gebirgsbildungen
Proterozoikum	Eokambrium		mehrere präkambrische Gebirgsbildungen
Proterozoikum	Algonkium		mehrere präkambrische Gebirgsbildungen
Azoikum	Archaikum		mehrere präkambrische Gebirgsbildungen

Literaturhinweise und geologische Karten

Allgemeines

Cloos, H.: Gespräch mit der Erde. — Erstausgabe 1947 (Autobiographie eines großen Geologen)

Lüschen, H.: Die Namen der Steine. — Thun und München 1968 (Darstellung der Mineralwelt aus sprachlicher, kultureller und wissenschaftsgeschichtlicher Sicht)

Stifter, A.: Bunte Steine (Zyklus von Erzählungen, die alle einen Gesteinsnamen als Titel tragen)

Bestimmungsbücher

Beurlen, K.: Welche Versteinerung ist das — 10. Aufl., Stuttgart 1978

Bauer, J.: Der Kosmos Mineralienführer. — 4. Aufl., Stuttgart 1977

Woolley, A. R., Bishop, A. C., Hamilton, W. R.: Der Kosmos Steinführer. — 3. Aufl., Stuttgart 1977

Pape, H.: Leitfaden zur Gesteinsbestimmung. — 2. Aufl., Stuttgart 1972

Philipsborn, H. von: Tafeln zum Bestimmen von Mineralen nach äußeren Kennzeichen. — 2. Aufl., Stuttgart 1967

Allgemeine und historische Geologie

Beurlen, K.: Geologie. — 3. Aufl., Stuttgart 1978.

Brinkmann, R.: Abriß der Geologie. 1. Bd. Allgemeine Geologie. — 10. Aufl., Stuttgart 1967. 2. Bd. Historische Geologie. — 9. Aufl., Stuttgart 1966.

Bülow, K. von: Geologie für Jedermann. — Stuttgart 1974

Flick, H., Quade, H., Stache, G.-A., mit Beiträgen von Wellmer, F. W.: Einführung in die tektonischen Arbeitsmethoden; Schichtenlagerung und bruchlose Verformung. — Clausthaler tektonische Hefte 12, Clausthal-Zellerfeld 1972

Murawski, H.: Geologisches Wörterbuch. — 7. Aufl., Stuttgart 1977

Die Entwicklungsgeschichte der Erde; Taschenbuch der Geologie. — 4. Aufl., Hanau 1968

Paläontologie

Pajaud, D., Bariand, N.: Fossilien, Versteinertes Leben aus Jahrmillionen. — Stuttgart 1978

Thenius, E.: Paläontologie. — Stuttgart 1970

Mineralogie

Machatschki, F.: Spezielle Mineralogie auf geochemischer Grundlage. — Wien 1953

Ramdohr, P., Strunz, H.: Klockmanns Lehrbuch für Mineralogie. — 15. Aufl., Stuttgart 1967

Strübel, G.: Mineralogie und Kristallographie. — Darmstadt 1971

Petrographie

Barth, T. F. W., Correns, C. W., Escola, P.: Die Entstehung der Gesteine; ein Lehrbuch der Petrogenese. — (Nachdruck), Berlin, Heidelberg, New York 1970

Füchtbauer, H., Müller, G.: Sedimente und Sedimentgesteine. — Teil II von Sediment-Petrologie, Stuttgart 1970

Regionale Geologie und geologische Führer

Zu empfehlen sind die Bände der Sammlung geologischer Führer, Berlin, Stuttgart, die im folgenden Teil mit S. g. F. abgekürzt werden soll.

Europa

Gwinner, M. P.: Geologie der Alpen; Stratigraphie, Paläogeographie, Tektonik. — Stuttgart 1970

Lotze, F.: Geologie Mitteleuropas. — 4. Aufl., Stuttgart 1971

Rutten, M. G.: The Geology of Western Europe. — Amsterdam 1969

Schönenberg, R.: Einführung in die Geologie Europas. — Freiburg 1971

Deutschland

Bachmann, G. H., Gwinner, M. P.: Nordwürttemberg. — S. g. F., Bd. 34, 1971

Beurlen, K., Gall, H., Schairer, G.: Die Alb und ihre Fossilien. Geologie und Paläontologie der Schwaben- und Frankenalb. — Stuttgart 1978

Falke, H.: Rheinhessen und die Umgebung von Mainz. — S. g. F., Bd. 38, 1960

Frechen, J.: Siebengebirge am Rhein, Laacher Vulkangebiet, Maargebiet der Westeifel. — S. g. F., Bd. 56, 1971

Geyer, O. F., Gwinner, M. P.: Der schwäbische Jura. — S. g. F., Bd. 40, 1962

Hahne, C. et al.: Lehrreiche geologische Aufschlüsse im Ruhrrevier. — Essen 1958

Hamm, F.: Erdgeschichtliches Geschehen rund um Hannover. — Hannover

Hamm, F.: Einführung in Niedersachsens Erdgeschichte. — Hildesheim, Leipzig 1938

Knetsch, G.: Geologie von Deutschland und einigen Randgebieten. — Stuttgart 1963

Kockel, C. W. et al.: Schiefergebirge und Hessische Senke um Marburg/Lahn. — S. g. F., Bd. 37, 1958

Matthes, S., Okrusch, M.: Spessart. — S. g. F., Bd. 43, 1969

Michels, F.: Das Werden der Landschaft. — in: Das Rheingaubuch, Bd. 1, hrsg. von der Ges. z. Förd. d. Rheingauer Heimatforsch. e. V., Rüdesheim 1965

Möbus, G.: Abriß der Geologie des Harzes. — Leipzig 1966

Mohr, K.: 400 Millionen Jahre Harzgeschichte; die Geologie des Westharzes. — Clausthal-Zellerfeld 1963

Mohr, K.: Harz; westlicher Teil. — S. g. F., Bd. 58, 1973

Mohr, K.: Geologische Wanderungen rund um die Westharzer Talsperren. — 2. Aufl., Clausthal-Zellerfeld 1975

Negendank, J. F. W.: Trier und Umgebung. — S. g. F., Bd. 60, 1974

Richter, D.: Aachen und Umgebung; Nordeifel und Nordardennen mit Vorland. — S. g. F., Bd. 48, 2. Aufl., 1975

Richter, D.: Ruhrgebiet und Bergisches Land. — S. g. F., Bd. 55, 1971

Richter, M.: Allgäuer Alpen. — S. g. F., Bd. 45, 1966

Rutte, E.: Mainfranken und Röhn. — S. g. F., Bd. 43, 1965

Schmidt, H., Plessmann, W.: Sauerland. — S. g. F., Bd. 39, 1961

Schröder, B.: Fränkische Schweiz und Vorland. — S. g. F., Bd. 50, 2. Aufl., 1975
Sindowski, K.-H.: Das ostfriesische Küstengebiet; Inseln, Watten und Marschen. — S. g. F., Bd. 57, 1973
Wegner, Th.: Geologie Westfalens. — Paderborn 1926
Wurm, A.: Frankenwald, Fichtelgebirge und Nördlicher Oberpfälzer Wald. — S. g. F., Bd. 41, Berlin-Nikolassee 1962

Österreich
Flügel, H.: Das steirische Randgebirge. — S. g. F., Bd. 42, 1963
Plöchinger, B., Prey, S.: Der Wienerwald. — S. g. F., Bd. 59, 1974
Purtscheller, F.: Ötztaler und Stubaier Alpen. — S. g. F., Bd. 53, Berlin, Stuttgart 1971
Richter, M.: Vorarlberger Alpen. — S. g. F., Bd. 49, 1969
Winkler-Hermaden, A.: Das Steirische Tertiär-Becken (Neubearbeitung von Flügel, H. und Heritsch, H.). — S. g. F., Bd. 47, 1968

Schweiz
Geologischer Führer der Schweiz. — Schweizerische Geologische Gesellschaft, 2. Aufl., Basel 1967

Italien
Pichler, H.: Italienische Vulkangebiete I und II. — S. g. F., Bd. 51 und 52, 1970

Frankreich
Debelmas, J. (Herausgeber): Géologie de la France. — 2 Bände, Paris 1974

Belgien
Lombard, A.: Géologie de la Belgique. — Les naturalistes Belges 1957

England
Craig, G. Y. (Herausgeber): The Geology of Scotland. — Edinburgh, London 1965
Reed, F. R. C.: The Geology of the British Empire. — 2. Aufl., London 1969

Irland
Charlesworth, J. K.: The Geology of Ireland. — Edinburgh, London 1953

Norwegen
Holtedahl, O. (Herausgeber): Geology of Norway. — Norges Geologiske Undersökelse Nr. 208, separat in Kassette: Geological (Bedrock) Map of Norway, Glacial Map of Norway und weitere Karten und Tafeln, Oslo 1960

Für die Länder Norwegen, Schweden, Finnland, Dänemark und Island sei auf die Guidebooks to the excursions on the International Geological Congress, XXI session, Norden 1960, hingewiesen.

Weitere geologische Führer und geologische Beschreibungen einzelner Gebiete erscheinen laufend als Sonderhefte der Zeitschrift „Der Aufschluß". Bestellungen können an die Geschäftsstelle der Vereinigung der Freunde der Mineralogie und Geologie (VFMG) e. V., 69 Heidelberg, Kastellweg 6, gerichtet werden.

Geologische Karten

Bundesrepublik Deutschland

Deutschland in den Grenzen von 1937, 1:2 000 000 (Neuauflage der „Schrielkarte")

Bundesrepublik Deutschland, Geologische Übersicht, 1:1 000 000

Bayern, 1:800 000 (1957)

Südwestdeutschland, 1:600 000

Schleswig-Holstein, Geologie, 1:500 000

Nordrhein-Westfalen, 1:500 000 (2. Aufl. 1956)

Rheinland-Pfalz, Geologie, 1:500 000

Bayern, 1:500 000, mit Erläuterungen (2. Aufl. 1964)

Es existieren weitere Karten von Einzelgebieten in größeren Maßstäben. In den Jahren 1873—1945 wurde als grundlegendes geologisches Kartenwerk von Deutschland eine geologische Spezialkarte im Maßstab 1:25 000 herausgegeben, die auf der Rastereinteilung des Meßtischblattes beruht und ziemlich vollständig ist. Eine der Hauptaufgaben der geologischen Landesämter ist die Kartierung der noch fehlenden Blätter sowie die Neubearbeitung bereits bestehender geologischer Karten. Auf einigen Meßtischblättern gibt es außer der geologischen Karte Sonderkarten, wie z. B. Bodenkarten, hydrogeologische Karten und Flözkarten. Zu jedem Kartenblatt gehört ein Erläuterungsband, der die geologische Ausbildung der Formationen auf dem jeweiligen Meßtischblatt beschreibt. Diese Erläuterungen gehören zu der wichtigsten Lektüre vor der geologischen Beschäftigung mit einem Gebiet.

Listen der verfügbaren geologischen Kartenblätter sowie mit Spezialliteratur können von den geologischen Diensten erhalten werden. Die Adressen der Herausgeber bzw. Auslieferer von Karten sind: Bundesanstalt für Geologie und Rohstoffe, Stilleweg 2, 3 Hannover 23; Bundesanstalt für Landeskunde in der Bundesforschungsanstalt für Landeskunde und Raumordnung, Michaelshof, 532 Bad Godesberg; Bayrisches Geologisches Landesamt, Prinzregentenstr. 28, 8 München 22; Geologisches Landesamt in Baden-Württemberg, Albertstr. 5, 78 Freiburg i. Br.; Geologisches Landesamt Nordrhein-Westfalen, Postfach 1080, 415 Krefeld; Geologisches Landesamt Rheinland-Pfalz, Flachsmarktstr. 9, 65 Mainz; Geologisches Landesamt Schleswig-Holstein, Mercatorstr. 7, 23 Kiel-Wik; Hessisches Landesamt für Bodenforschung, Leberberg 9, 62 Wiesbaden; Landesvermessungsamt Baden-Württemberg, Büchsenstr. 24, 7 Stuttgart 1; Vermessungsamt Hamburg, Wexstr. 7, 2 Hamburg 36; Verlag Raueiser, Postfach 298, 66 Saarbrücken 3; Wilhelm Stollfuss Verlag, Dechenstr. 711, 53 Bonn.

Vergriffene Karten sind eventuell bei wissenschaftlichen Antiquariaten zu erhalten. Besonders spezialisiert auf die Besorgung von geologischen Karten ist das Geo-Center, Postfach 800 830, 7 Stuttgart.

Österreich

Geologische Übersichtkarte der Republik Österreich mit tektonischer Gliederung, 1:1 000 000 (1964, Erläuterungen 1966)

Geologische Karte der Republik Österreich und der Nachbargebiete, 1:500 000, 2 Blätter und 2 Beilageblätter (Nachdruck 1968)

Eine ältere Spezialkartierung wurde in einem Kartenwerk im Maßstab 1:75 000 mit Erläuterungen herausgegeben. Die neuere Kartierung wird durch Karten in den

Maßstäben 1: 50 000, 25 000 oder 1: 10 000 dargestellt. Zu den Blättern gibt es Erläuterungen.

Zuständig ist die Geologische Bundesanstalt, Rasumoskygasse 23, 1030 Wien 3.

Schweiz

Geologische Karte der Schweiz, 1: 500 000
Carte géologique générale de la Suisse, 1: 200 000. 8 Blätter.
Die laufende Kartierung der Schweiz findet ihren Niederschlag im Atlas géologique de la Suisse. Es sind etwa 35 Blätter mit Erläuterungen verfügbar.

Listen geologischer Karten, die das Gebiet der Schweiz betreffen, enthalten die folgenden Veröffentlichungen. Hotz, W. und Bureau de la Commission Géologique: Les cartes géologiques et tectoniques de la Suisse. — Matériaux pour la Carte Géologique de la Suisse, nouv. série, livr. 62; Spicher, A.: Catalogue des cartes et esquisses géologiques et tectoniques de la Suisse parues de 1930 à 1950—1952.

Italien

Geological Map of Italy, 1: 1 000 000

Frankreich

Carte Géologique de la France, 1: 1 000 000, 5. Aufl., 2 Blätter

Die maßgebliche Stelle für geologische Karten in Frankreich ist: Bureau de Recherches Géologiques et Minières, Service Géologique National, Départment Documentation, B. P. 6009, 45 Orléans 02. Es wird ein Catalogue des Publications herausgegeben.

Luxemburg

Carte géologique générale du Grand-Duché de Luxembourg, 1: 100 000

Belgien

Geological map, 1: 1 000 000 (Military Geographical Institute, Nr. 3 Abdij Ter Kameren, 1050 Bruxelles)
Geologie, 1: 500 000 (Atlas van Belgie, Godshuizenstraat 28, 9110 Sint-Amandsberg)

England

Geological Map of the British Islands, 1: 1 584 000 (5. Aufl. 1969)
Geological Map of Great Britain, 1: 625 000, 2 Blätter (2. Aufl. 1957)

Norwegen

Geological (Bedrock) Map of Norway, 1: 1 000 000, Beilage zu Holtedahl, Olaf: Geology of Norway. — Oslo 1960

Schweden

Magnusson, N. H., Thorslund, P. et al.: Description to accompany the Map of the Pre-Quaternary Rocks of Sweden. Sveriges Geologiska Untersökning, Ser. Ba, Översiktskarter med beskrivningar Nr. 16, mit einer Karte, 1: 1 000 000, in 3 Blättern, Stockholm 1960.

Über wissenschaftliche geologische Literatur und Kartenwerke informiert laufend die Zeitschrift: Episodes, Newsletters of the International Union of Geological Sciences. Büro des Generalsekretärs: Geological Survey of Canada, 601 Booth Street, Ottawa, Canada K 1A OE8.

Erklärung einiger grundlegender Begriffe

Epirogenese, über lange geologische Zeiträume wirksame tektonische Bewegung der Erdkruste in größeren Gebieten. Dabei entstehen einerseits durch Aufwölbung Festlandsschwellen *(Geantiklinalen)* mit Hebungstendenz, andererseits durch Einwölbung sinkende Becken *(Geosynklinalen)*. Die Krustenverbiegungen sind so weitgespannt, daß das Gesteinsgefüge nicht verändert wird. Bei epirogener Hebung in Küstenbereichen weicht das Meer vom Land zurück *(Regression);* während epirogener Senkung wird das Festland vom Meer überflutet *(Transgression)*. In den Hebungsgebieten überwiegt die Abtragung von Gesteinsmaterial, das in die Geosynklinalen transportiert und dort abgelagert wird.

Fazies.

1.) Bei Sedimenten umfaßt die Fazies sämtliche Merkmale des Gesteinsaufbaues *(Petrofazies)* und des Fossilinhaltes *(Biofazies)*. Faziesunterschiede der Gesteine beruhen auf verschiedenen Ablagerungsbedingungen bzw. verschiedenen Tier- und Pflanzengesellschaften im Gebiet.

Beispiele: Löß und Geschiebelehm stellen eine *terrestrische* (auf dem Festland abgelagerte) Fazies dar. Hinsichtlich des Bildungsmediums unterscheidet sich Löß als *äolische* (vom Wind bewirkte) Fazies von der *glazialen* (vom Eis bewirkten) Fazies des Geschiebelehms.

Ein Gestein mit Resten von Seeigeln und Ammoniten deutet auf *marine* (im Meer abgelagerte) *Salzwasserfazies* hin, da diese Fossilien ausschließlich in Meeren mit normalem Salzgehalt lebten.

2.) Bei metamorphen Gesteinen gehört zu einer *metamorphen Fazies* jeweils eine Gruppe von Gesteinen, die unter gleichen Druck/Temperatur-Bedingungen der Metamorphose gebildet wurden. Die metamorphe Fazies läßt sich definieren und bestimmen mit Hilfe von charakteristischen Mineralgesellschaften, die in einem bestimmten physikalisch-chemischen Bildungsbereich stabil sind.

Beispiele: *Grünschieferfazies, Amphibolitfazies*.

Fossil, im Gestein konservierter Rest eines Lebewesens. Bleibt der Körper des Fossils in seiner Substanz oder auch nach Stoffumwandlungen massiv erhalten, so wird von *körperlicher Erhaltung* gesprochen. Häufig wird das eigentliche Fossil im Gestein ganz aufgelöst, während *Negativabdrücke* im Gestein und mit Sediment ausgefüllte Hohlräume des Fossilkörpers *(Steinkern)* überliefert werden. Lebewesen, die ausschließlich während eines bestimmten, kurzen Zeitabschnittes der Erdgeschichte vorkamen und dabei eine möglichst weite Verbreitung besaßen, eignen sich als *Leitfossilien* zur zeitlichen Einstufung von Sedimentgesteinen. Als *Faziesfossilien* werden die Fossilien bezeichnet, die Rückschlüsse auf die Fazies des Gesteins erlauben, weil sie für einen bestimmten Lebens- und Sedimentationsbereich, z. B. Riffe im Meer oder Süßwasserbecken, charakteristisch sind.

Gefüge, umfassender Begriff für alle räumlichen Lagebeziehungen innerhalb eines Gesteins oder Gesteinskörpers. Dazu gehören unter anderem Korngröße und Kornform, räumliche Anordnung der Komponenten, Schichtung, Schieferung, Klüftung. Beispiele: *porphyrische Struktur, Schrägschichtung, Faltung.*

Geologie, Wissenschaft, die den gesteinsmäßigen Aufbau der Erdkruste untersucht. Aus den Lagerungsverhältnissen der Gesteinskörper, mit Hilfe physikalischer Altersbestimmungen und aufgrund des Fossilinhaltes wird die geschichtliche Entwicklung der Erde rekonstruiert einschließlich der jeweiligen geographischen und klimatischen Verhältnisse *(Paläogeographie, Paläoklimatologie)* und ihrer Lebewelt *(Paläontologie).*

geologische Karte. Als Grundlage dient eine topographische Karte, in die die geologischen Verhältnisse an der Erdoberfläche eingetragen werden, wie sie bei der Untersuchung im Gelände *(geologische Kartierung)* festgestellt wurden. Insbesondere werden Gesteinskörper ausgeschieden und durch Grenzlinien getrennt. An tektonischen Daten werden vor allem Verwerfungen und „Fallen" und „Streichen" von ebenen Gebilden (Schichtflächen, Schieferung) dargestellt.

Gestein, einheitlicher Bereich innerhalb eines geologischen Körpers in der Größenordnung vom Handstück bis zum Aufschluß. Die Art eines Gesteins wird durch seine mineralischen und biogenen Ausgangsstoffe sowie die wirksam gewesenen gesteinsbildenden Vorgänge bestimmt.
Beispiel: geologischer Körper: Granitpluton. Gestein: Granit
Komponenten: Mineralkörner aus Kalifeldspat, Plagioklas, Quarz und Biotit
gesteinsbildender Vorgang: Erstarrung aus einer Schmelze in der Tiefe der Erdkruste.

Mineral, natürlicher Stoff der Erdkruste, der physikalisch und chemisch einheitlich ist. Beispiele: Quecksilber (flüssig), Quarz (kristallin).

Orogenese, Gebirgsbildung. Tektonischer Vorgang, der im Gegensatz zur Epirogenese engräumiger begrenzt ist und das Gesteinsgefüge irreversibel verändert (z. B. durch Faltung und Bruchbildung). Innerhalb der Erdgeschichte gab es mehrfach Zeiten, die sich durch intensive, die Erde umspannende orogenetische Tätigkeit auszeichnen (z. B. alpidische Faltungsära).

Paläontologie, Wissenschaft von der vorzeitlichen Lebewelt. Sie läßt sich gliedern in *Paläozoologie* (betrifft die Tierwelt) und *Paläobotanik* (betrifft die Pflanzenwelt). Durch paläontologische Untersuchungen an Fossilmaterial werden die stammesgeschichtliche Entwicklung der Lebewesen und die biologischen Verhältnisse in vergangenen geologischen Zeiten aufgedeckt.

Petrographie, Gesteinskunde, erforscht die Zusammensetzung und Bildungsgeschichte der Gesteine.

Silikat. Die Silikate sind Verbindungen der Kieselsäure und stellen hinsichtlich ihrer Bedeutung für die Zusammensetzung der Erdkruste die wichtigste Mineralgruppe dar.

Stratigraphie. Dieser Zweig der Geologie ordnet die Gesteinskörper in der zeitlichen Reihenfolge ihrer Entstehung. Dadurch wird eine Zeitskala *(stratigraphische Tabelle)* gewonnen, in die geologische Ereignisse (z. B. tektonische Vorgänge) eingepaßt werden können. Die *Biostratigraphie* benutzt den Fossilinhalt zur altersmäßigen Gliederung von Schichten. Durch petrographische Untersuchungen von Gesteinsserien und Ordnung in der zeitlichen Reihenfolge ihrer Entstehung wird die *lithostratigraphische* Entwicklung festgestellt. Zur Darstellung werden stratigraphische Tabellen geschrieben und *lithologische Säulenprofile* gezeichnet, die beide vertikal, mit dem Ältesten zuunterst, angeordnet sind.

Tektonik, Wissenschaft vom Bau und der mechanischen Entstehung der Erdkruste. Außerdem wird der Ausdruck „Tektonik" auch gebraucht zur Bezeichnung des Krustenbaues selbst (z. B. Tektonik der Alpen) bzw. von Vorgängen, bei denen die Erdkruste deformiert wurde (z. B. Faltung, Verwerfungen).

Sachregister

Lieber Mineralien- und Fossilienfreund,

wir möchten Sie mit MINERALIEN-MAGAZIN — einer Zeitschrift aus dem Kosmos Verlag — bekannt machen.

Regelmäßig hält MINERALIEN-MAGAZIN eine Fülle von Informationen für alle Freunde schöner Mineralien und seltener Fossilien bereit. Hier lesen Sie von Mineralien- und Fossilienfundstellen, von den Schätzen der Sammler und Museen. Sie erhalten praktische Tips zur Sammlertätigkeit, Fundbestimmung und -behandlung, zum Sammlungsaufbau, zur Aufbewahrung und Ausstellung der eigenen Stücke.

MINERALIEN-MAGAZIN informiert über Vorträge, Veranstaltungen, Börsen und Hobbykurse, Fachbücher werden besprochen und geologische Arbeitsgeräte getestet. Kurz, im MINERALIEN-MAGAZIN erfahren Sie alles, was Sie als Mineralien- und Fossilienliebhaber interessiert.

Lernen auch Sie MINERALIEN-MAGAZIN kennen! Ein kostenloses Informationsheft haben wir für Sie bereit gelegt. Bitte direkt beim Kosmos Verlag anfordern.

Geologischer Studienkompaß
Best.-Nr. 853010.

Härteskala Taschenbesteck
Best.-Nr. 851223.

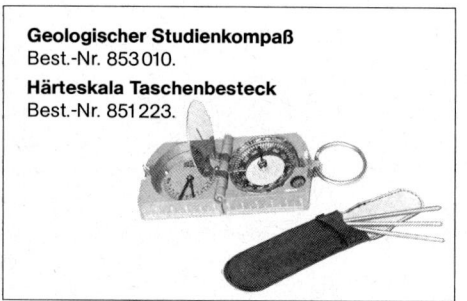

Geologenmeißel
spitz, Best.-Nr. 851220.
flach, Best.-Nr. 851218.

Estwing-Stahlstock
Best.-Nr. 851270.

Geologenhammer
flach, 750 g,
Best.-Nr. 851209.

spitz, 460 g,
Best.-Nr. 851267.

Estwing-Fäustel
Best.-Nr. 851215.

Stereomikroskop YR
2 Doppelobjektive 2x und 4x im drehbaren Objektiv-Revolver.
1 Paar Weitfeldokulare 10x. Inkl. Staubschutzhülle und eingebauter Beleuchtung im Hartholzschrank.

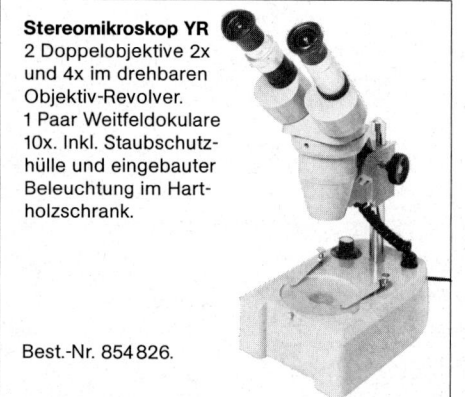

Best.-Nr. 854826.

Hydraulische Steinpresse MP 5
Drucklast 500 kp,
inkl. Schutzhaube für Transport.
Best.-Nr. 851304.

Stufenknacker
für kleinere Stücke bis ca. 2–3 cm Dicke.
Best.-Nr. 851303.

Um Sie mit unserem vollständigen Programm bekannt zu machen, senden wir Ihnen gerne kostenlos und unverbindlich ausführliche Unterlagen zu. Fordern Sie den Katalog N 21.16 an.

kosmos service-71 · Postfach 640 · 7000 Stuttgart 1

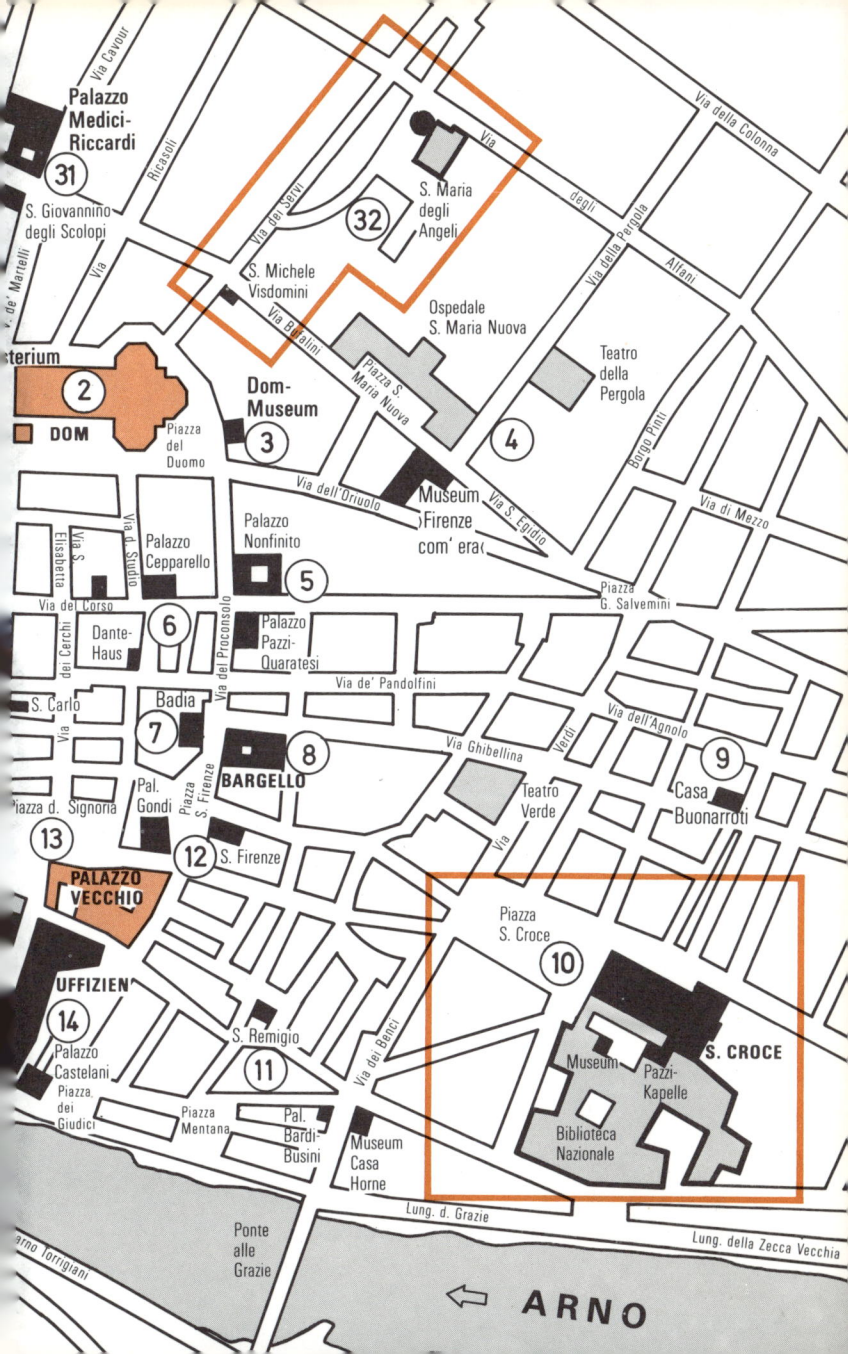

Via Cavour

Via della Colonna

Palazzo
Medici-
Riccardi

31

Ricasoli

Via de' Martelli

S. Giovannino
degli Scolopi

Via

Via dei Servi

32

S. Maria
degli Angeli

Via

degli

Via della Pergola

Via della Pergola

Alfani

S. Michele
Visdomini

Via Bufalini

Ospedale
S. Maria Nuova

Teatro
della
Pergola

Borgo Pinti

...sterium

2

DOM

Piazza
del
Duomo

Dom-
Museum

3

Piazza S.
Maria Nuova

Via dell'Oriuolo

Museum
Firenze
com' era

Via S. Egidio

4

Via di Mezzo

Piazza
G. Salvemini

Via S.
Elisabetta

Via d. Studio

Palazzo
Cepparello

Palazzo
Nonfinito

5

Via del Corso

Dante-
Haus

6

Via del Proconsolo

Palazzo
Pazzi-
Quaratesi

Via de' Pandolfini

Via dell'Agnolo

S. Carlo

Badia

7

Pal.
Gondi

Via Ghibellina

Verdi

Piazza d. Signoria

13

8

BARGELLO

Piazza
S. Firenze

Teatro
Verde

Via

Casa
Buonarroti

9

12 S. Firenze

PALAZZO
VECCHIO

Piazza
S. Croce

10

UFFIZIEN

14

Palazzo
Castelani

S. Remigio

Via de' Benci

Museum

S. CROCE

Pazzi-
Kapelle

Piazza
dei
Giudici

11

Piazza
Mentana

Pal.
Bardi-
Busini

Museum
Casa
Horne

Biblioteca
Nazionale

Lung. d. Grazie

Lung. della Zecca Vecchia

...arno Torrigiani

Ponte
alle
Grazie

⇐ **ARNO**

Artemis-Cicerone · Kunst- und Reiseführer

Artemis Verlag Zürich und München